星云说喻

丛书

同事同理心

显扬"无缘大慈，同体大悲"的慈悲心，
"如共一船，忧喜同故"，方能共存共荣

星云大师 著

中华书局

图书在版编目(CIP)数据

同事同理心/星云大师著. —北京:中华书局,2016.7
(星云说喻)
ISBN 978-7-101-11110-1

Ⅰ.同… Ⅱ.星… Ⅲ.佛教-人生哲学-通俗读物
Ⅳ.B948-49

中国版本图书馆 CIP 数据核字(2016)第 051285 号

书　　名	同事同理心	
著　　者	星云大师	
丛 书 名	星云说喻	
责任编辑	胡正娟	
出版发行	中华书局	
	(北京市丰台区太平桥西里38号　100073)	
	http://www.zhbc.com.cn	
	E-mail:zhbc@zhbc.com.cn	
印　　刷	北京瑞古冠中印刷厂	
版　　次	2016 年 7 月北京第 1 版	
	2016 年 7 月北京第 1 次印刷	
规　　格	开本/889×1194 毫米　1/32	
	印张 6⅞　插页 8　字数 120 千字	
印　　数	1-8000 册	
国际书号	ISBN 978-7-101-11110-1	
定　　价	35.00 元	

星云大师传略

　　大师生于一九二七年，江苏江都人。幼年家贫，辍学，因父母忙于家务，随外祖母长居多时。后卢沟桥中日战起，父或因战火罹难，与母寻父途中，有缘于南京栖霞山礼志开上人披剃，实际祖庭为江苏宜兴大觉寺。

　　一九四九年至台湾，大师担任台湾佛教讲习会教务主任，并主编《人生》杂志。一九六七年于高雄开创佛光山，树立"以文化弘扬佛法，以教育培养人才，以慈善福利社会，以共修净化人心"之宗旨，致力推动"人间佛教"，并融古汇今，手订规章制度，印行《佛光山清规手册》，将佛教带上现代化的新里程。

　　大师出家七十余年，于全球创建二百余所寺院，十六所佛教学院，二十三所美术馆、图书馆、出版社、书局等，相继成立育幼院、佛光精舍、慈悲基金会，捐献佛光中小学和佛光医院数十所，从事急难救助，育幼养老，扶弱济贫事业。

一九七六年大师创办《佛光学报》，翌年成立"佛光大藏经编修委员会"，主持编纂《佛光大藏经》及《佛光大辞典》。一九八八年成立佛光山文教基金会，主要致力于举办学术会议，出版学术论文集、期刊等。一九九七年主持出版《中国佛教经典宝藏精选白话版》一百三十二册、《佛光大辞典》光盘版，设立"佛光卫星电视台"（后更名为"人间卫视"），并于台中协办广播电台。二〇〇〇年创办《人间福报》，是为第一份由佛教界发行的日报。

二〇〇一年，大师将发行二十余年的《普门》杂志转型为《普门学报》论文双月刊，收录海峡两岸有关佛学的硕、博士论文及世界各地汉文论文，辑成"法藏文库"《中国佛教学术论典》共一百一十册。二〇一三年，主持出版《世界佛教美术图说大辞典》二十卷册。二〇一四年主持出版《佛光大辞典》增订版、《献给旅行者365日——中华文化佛教宝典》以及《金玉满堂》人间佛教教材。

大师著作等身，撰有《释迦牟尼佛传》《佛教丛书》

《佛光教科书》《往事百语》《佛光祈愿文》《迷悟之间》《人间万事》《当代人心思潮》《人间佛教当代问题座谈会》《人间佛教系列》《人间佛教语录》《人间佛教论文集》《僧事百讲》《百年佛缘》等著作近百部，总计二千余万言，并被译成英、德、日、韩、西、葡等二十余种语言，流通世界各地。

大师教化弘广，有来自世界各地跟随出家之弟子两千余人，全球信众达数百万。大师一生弘扬人间佛教，对"欢喜与融合""同体与共生""尊重与包容""平等与和平""自然与生命""圆满与自在""公是与公非""发心与发展""自觉与行佛"等理念多所发扬。一九九一年成立国际佛光会，大师被推为世界总会会长，后于五大洲一百七十余个国家地区成立分会，成为全球华人最大的社团，实践"佛光普照三千界，法水长流五大洲"的理想。二〇〇三年，国际佛光会通过联合国审查，正式加入"联合国非政府组织"（NGO）。由于大师在文化、教育及关怀全人类之突出贡献，先后荣膺世界各大学颁赠荣誉博士学位多个，国际间获奖无数。

大师致力于中华文化复兴及两岸文化交流，成果斐然。二〇〇四年，大师应聘担任"中华文化复兴运动总会"宗教委员会主任委员,与基督教、天主教、道教等领袖,共同出席"和平音乐祈福大会",促进宗教交流,发挥宗教净化社会人心之功用;先后与著名汉学家马悦然教授(斯德哥尔摩大学、诺贝尔文学奖终身评委)、罗多弼教授(斯德哥尔摩大学)、傅高义教授(哈佛大学)及诺贝尔文学奖得主莫言先生等人进行人文交流座谈。

近年,大师于江苏宜兴复兴祖庭大觉寺,并捐建中国书院博物馆、扬州鉴真图书馆、南京大学佛光楼,成立扬州讲坛、星云文化教育公益基金会等,积极推动文化教育,以期能促进两岸和谐发展,共创繁荣新局面。

大师一生弘扬人间佛教,对佛教制度化、现代化、人间化、国际化的发展,可说厥功至伟!

自序：我愿化作一点心光

古老的佛经，往往以譬喻的形式，巧妙地铺陈甚深的妙义，如《阿弥陀经》中，以宝池、楼阁等种种声光形色，或隐或现地引喻极乐世界的华丽和香洁。又如《普门品》以种种厄难为喻，为我们描绘观世音菩萨寻声救苦时，种种无畏的清净和慈悲。

佛经往往以譬喻为渡船，救人上岸；以譬喻为灯光，照破昏暗；以譬喻为井泉，赐人清凉。在繁忙紧凑的现代生活步调中，也许一则故事的引领，能破解你多年沉淀心头的世情公案，一两句法语可以激起你内在革新的力量，为身心加油，为生活助力。

当白日的喧嚣散去，夜半的一盏灯，一杯茶，一则说喻，化身为心灵知己，与你素面相见，叙谈友情、家庭、世情、人生。

《星云说喻》丛书共十册，是集我在电视台"星云说喻"栏目中所讲的古今中外近千则譬喻故事而成。我祈愿读者阅读这些譬喻，如山泉洗涤人间的尘垢，使人人心镜洁净，灵台清明；祈愿读者以廓然的风姿，行化于红尘俗世间，念念觉醒于声色幻影之不实，从而回头开垦一亩心田。

与众生携手，我愿奉献身心为炬，化作一点心光，纵使此身被烧烬成灰，也是心甘情愿。

中华书局简体字版《星云说喻》丛书付梓在即，我喜为之序。

二〇一五年二月

目 录

羹味

靠个人单枪匹马是无法成就一段因缘的,必须齐心齐力,集体创作。

有一次弥兰王用餐时,宫女们端上一碗羹汤。这碗羹汤里有萝卜、青菜、豆腐、酱料、辣椒、生姜、油、盐……这时候,在弥兰王身旁的那先比丘看到这碗羹汤,借机问弥兰王:

"大王,现在这碗羹汤,不知道您是否有办法把汤中的辣味、酸味、咸味、甜味一一区分开来呢?"

"这怎么可能呢? 这种种的菜都已做成羹汤,百味合成一味,想分开,不过是痴人说梦。"

"大王,我们的国家、社会融合不同的男女老少,不分贫富贵贱,不论职位尊卑,每个人都是我国的子民,已无法分开。因此,我们要以同体的慈悲来看待他们,无论士农工商、贩夫走卒,一律平等,都是集体创作,不可强作区分。犹如生儿育女一样，无论儿子、女儿，都是我的儿女，都该一视同仁，尽心教养。同样地，对待宇宙万物，我们也应平等视之。"

那先比丘说的是，集体创作其实就是百味成为一味。一个国家的人民，如果能意志集中，团结一心，便能形成一股强大的力量，群策群力共创安康的未来；朋友相处，如果理想、目标一致，必能驱策向前。

社会上各行各业，靠个人单枪匹马是无法成就一段因缘的，必须齐心齐力，集体创作，彼此尊重、互相支持，才能各蒙其利。

地平心自然平

初发心易生，恒常心难持。

持地菩萨过去世在因地修行，正值普光如来住世。仍在世俗红尘的他，因为亲近佛教，镇日浸淫在佛法大海，如水平静的内心，驱策他发广大心，毅然决然出家修道。持地菩萨常常发愿，累生多世愿为大众造桥铺路，凡有要路津口、田地险隘，只要会阻碍交通的地方，必定将之填平。或建造桥梁，或填补沙土，如是终年累月，生生世世，持地菩萨辛勤、奋力的做着自己发下的愿心。

倘若见有老弱妇孺携带重物，持地菩萨也会赶紧上前帮忙，不论路途远近，不但不以为累，并且不收任何报酬。他发心、慈悲的善行，远近驰名，广受众人爱戴与尊敬。

有一回，国王大设斋宴，供养如来，持地菩萨知道消息后，抓紧时间，将如来必经之路修平，欢喜、恭敬的等待如来的亲临。持地菩萨的恒常供养，感得诸天敬佩，诸佛称赞。在一世中，毗舍如来经过持地菩萨的处所，欢喜地称赞，并摩他的头顶："你为众服务，修平一切的道路，功德自是无可限量。地平，则内心自然平，恒常的发心，未来将使你证得果位。"

聆听毗舍如来的开示，持地菩萨内心豁然开悟，顿感身体与世间一切事物，无差别别；自我的本性，无杂无染，当下证得阿罗汉果。

诸佛菩萨在因地修行，无不是发心立愿，经过累世的行持，以成就自身的佛国净土。足见发心立愿，固然是成就自我心性的带头雁；保有恒常心，更是扮演圆成佛道的关键性角色。

佛经言："初发心易生，恒常心难持。"修道者，在发下为己修行、为众奉献的心愿，相信必是真诚且单纯。但是在经历人事的磨炼与境界的考验，是否仍能不忘初发心呢？我们立于世间，当最初种下立志向上的种子，譬如冀望金榜题名、渴盼功成名就，或为社会服务、为国家付出心力，以后在面对生命种种恶性洪流，人性种种荆棘芒刺时，不妨时时自忖：最初的发心，是否还在？

鬼子母

显扬"无缘大慈，同体大悲"的慈悲心。

佛陀时代，有一个罗刹女，专门喜欢吃人家的小孩，一群失去孩子的父母悲痛不已，纷纷向佛陀求救。佛陀为了解救无辜孩子的性命，想出一个办法来度化吃人的罗刹女。

佛陀知道她有十二个孩子，最疼爱的是幺儿，佛陀运用神通将她的幺儿藏在钵中。罗刹女知道最疼爱的孩子被人带走，心情如热锅上的蚂蚁，焦灼地跑到佛陀的精舍兴师问罪。佛陀说："你有十二个儿女，才失去一个又有什么关系呢？你吃掉人家无数的儿女，今天你的孩子要替你偿命！"罗刹女一听，匍匐在地，捶胸顿足，声泪俱下地说："慈悲的佛陀啊！我虽然有十二个儿女，可是每一个孩子都是唯一的，就像十指连心，少了一根，都会令我伤痛，一人做事一人担，您不要把我的儿子交给村民,他才三岁,不能承受任何的伤害呀!"

佛陀敛目正色地告诫她:"你有十二个儿女,失去一个就痛不欲生,你可曾想过,你四处抢夺吞噬人家的儿女,可曾顾念他们的父母的感受吗? 怜惜过弱小的孩子吗? 你这么地自私,应该得到惩罚!"佛陀运用神通,让钵中的小孩传出哭喊母亲的声音。罗刹女听闻孩子的号哭,心如刀割,向佛陀忏悔:"我今后不再侵犯别人的儿女,只是我的生活怎么办呢?"佛陀说:"你放心,日后我会嘱咐我的弟子,在吃饭的时候,取几粒米饭,用持咒力,供养你们,让你们不受饥饿之苦。"

从此,吃人的罗刹女变成保护天下儿女的母亲,名字叫做"鬼子母"。

罗刹女顾念自家儿女如宝箧明珠,却视他人儿女如草芥朽木!《悲华经》卷六说:"等心一切,如母爱子;摄取众生,犹如慈父。"只有显扬"无缘大慈,同体大悲"的慈悲心,人类才能避免无知自私,造成嗔恨的人间地狱,避免血腥杀害的悲剧。

制面具

　　每一个人都是改造自己的工程师，要想自己成为什么样子，一切的取舍都在于自己。

　　舍利弗在路上遇见了一位老朋友，亲切问候后，非常讶异地说："恕我直言，你现在的相貌，怎么这么难看，一副凶相，你要多保重啊！"

　　这个朋友一听舍利弗的劝告，开始反省，为什么我的相貌变得如此凶恶呢？左思右想，终于想到了：原来我每天为了要做出夜叉、罗刹青面獠牙的凶恶模样，不断地想出各种难看的面具，无形中我的相貌也变成了罗刹、夜叉的模样，真是相由心生，实在太可怕了。从现在起，我不再制造夜叉、罗刹的面具，我要开始学习雕塑佛像了。

　　舍利弗的朋友在雕塑佛像的时候，就观想佛陀、菩萨慈悲的面容，亲切的神韵；他愈雕刻心里愈欢喜，无形中相貌也渐渐祥和起来。

有一天，这位老朋友又在路上遇见舍利弗，禁不住问：

"咦！你的相貌怎么会变得如此慈悲、祥和?"

"我现在天天都雕刻佛、菩萨像啊！"

由此可见，"心如工画师，能画种种物"，从一个人的相貌，可以看出其心思的正斜和心境的美丑，因为相由心生！

每一个人都是改造自己的工程师，要想自己成为什么样子，一切的取舍都在于自己。当我们心中常常欢喜、慈悲的待人，无形中我们的相貌也会随之祥和；但当我们常常生气，相对的相貌也会呈现一副凶相。

与其浓妆艳抹，倒不如由净化心灵"装扮"起，让心地纯净善良，自得一面貌美。

生死

生要欢欢喜喜而来，死也要欢欢喜喜而去！

从前有一对非常恩爱的夫妻，后来男主人因病死了，妻子十分悲伤，尤其每当回想起丈夫生前的种种好，就忍不住泪流满面。虽然已经按照当地风俗，把丈夫火化后埋到坟里，然而悲伤的妻子依旧像丈夫生前一样，天天煮好美味的菜肴，带到丈夫坟前祭拜。每次祭拜时，就痛哭流涕地说："亲爱的丈夫啊！你吃一点吧！"就这样，妻子无心工作，天天把时间花在祭奠丈夫上，渐渐地，家里的财产一点一点被消耗殆尽。

有一天，一个牧童看到妇人祭拜的情况，于是他把一头死牛搬到坟墓旁。等到妇人再来祭奠丈夫时，牧童便跪在死牛面前哭泣，边哭边说："亲爱的牛啊！这是我割的嫩草，你再吃一点吧！"

妇人见到这情形，便对牧童说："你是谁家的孩子？

牛已经死了,不会再活过来,赶快回去报告父母就是了,不要在这儿哭泣,再哭也没有用啊!唉,真是个傻孩子!"

那孩子回答:"我一点也不傻!我的牛才刚死,多叫它几声,或许还能活过来。你的丈夫死了那么久,都已经火化埋葬,你还哭着让他吃东西,你才傻呢!"

妇人听完孩子的话,想一想也对,从此恢复了正常的生活。

生、死本是人生当中很自然的事,凡人一出生,就注定要死。所以,佛门里许多大德高僧,对于生死的看法,认为生要欢欢喜喜而来,死也要欢欢喜喜而去!事实上,真正的"了生脱死",生要能了解生命的意义与价值,当下活得自在;死要能够认识死后的世界,对未来充满信心与希望。果能如此,才能无惧生死、超越生死,这也是生死的智慧。

瞎子打灯笼

只要我们心里的灯光不灭,光明就永远存在。

有一个瞎子到朋友家里拜访,要回去的时候,主人说:"夜深了,你眼睛又看不到,怎么样回去呢?"

瞎子说:"白天夜晚对我来说是一样的。我都是凭感觉走路,不必要用眼睛。"

主人说:"话虽如此,但晚上走路你不去撞人,人也会撞你呀。我看我点一个灯笼给你,你拿着灯笼走路好了。"

瞎子说:"我不要灯笼,横竖是看不到嘛!"

主人说:"虽然你看不到,也让别人看到你,不要撞到你啊!"

瞎子想想,觉得朋友说得有理,就提着灯笼回去了。

路上,他的灯笼给风吹熄。黑暗中,还是被人撞到了。

"你眼睛瞎了！没看到我在走路吗？"

"难道你没看到我的灯笼吗？"

"什么你的灯笼？灯笼已经熄啦！"

"我的灯笼是熄了，难道你心里的灯也熄了吗？"

外头的灯光会熄，太阳会下山，黑暗中的光明会消失，但只要我们心里的灯光不灭，光明就永远存在。心中晦暗不明，是因为心中没有灯光照路，让我们看清世间森罗万象的本来面目，看清世间的是非得失、善恶好坏。

聪明的人，不一定要靠着外境来帮助自己、靠心外的灯光来照亮自己。他们自有本事、有信心在心中点燃一盏明灯，不让黑暗盘踞心房，不让烦恼、盗贼攻占身心，以心灵之光看清一切，认识一切，远离邪恶迷惘，增长菩提慧命。

三座圣像的故事

信仰不同，宗教不同，只要你传你的道，我弘我的法，不相妨害，不须恶脸相向、互相攻击。

话说有一个地方的人，想要供奉古代的圣贤，请了雕刻师来做圣像。由于中国古代讲究三教同源，儒释道一家，因此要求雕刻师塑一尊释迦像，一尊太上老君像，一尊孔子像。

在塑像尚未完成时，有一个道士经过，看到这三尊圣像就说："这些圣像怎么可以放在地上呢？尤其这之中的圣者，就属我们道家最好，应该供奉在中间才对呀！"道士费了九牛二虎之力，将太上老君像抱到桌上，好生供奉。

不久，又来了一个秀才："哎呀！怎么把这个太上老君供在中间，我们的孔老夫子才是圣贤中的圣贤！他道德崇高，甚至整个国家都在奉祀他，应该让他坐到中间。"

秀才也想尽方法,把在地上的孔子圣像搬到桌上去。

过一会儿,又有一个出家人经过,一看这情景,直说:"怎么孔老夫子、太上老君都坐在上面,我们的教主坐地上,应该把他们都搬到两旁去。我释迦牟尼佛教主,是天中之天、圣中之圣,应该把他供在中间才是啊!"出家人又急急忙忙地把佛祖放到中间。

经道士、秀才与僧人的搬弄挪移,使得三尊圣像原本的金色皮肉被磨得皮开肉绽、破损不堪。三尊圣像你看我,我看你,异口同声地说:"我们本好好的,给他们这么一搬弄,你看,皮肉都裂开来了,要怎么样才能再把它弄好啊?"

各个宗教的教主,对世间都有伟大的贡献,也有不同于常人的包容心和平等心。只是后世弟子,以为信仰不同、教派不同,相互计较,弄得宗教和宗教之间的关系乌烟瘴气。

常言道:"道不同,不相为谋。"信仰不同,宗教不同,只要你传你的道,我弘我的法,不相妨害,不须恶脸相向、互相攻击。尽管各个宗教的教主、教义不相同,但教徒们也应该彼此友好友爱、互相来往联系,才是宗教发展的最佳之道。

这里就是地狱

没有工作的成长，没有人际的交流，没有劳动的服务，没有神圣的奉献，孤独就是黑暗冰冷地狱的所在。

话说有一个年轻人，平生不喜欢行善，不肯与人结缘，个性懒惰懈怠，却妄想能够不劳而获，坐享万贯财富。后来，他死了以后，地狱里的狱卒就把他带到一个不知名的地方。那里有山有水、有庭院房子，有吃有喝，设备一应俱全。

这个年轻人看到这一切，心中暗自窃喜："哎呀！死了以后多好，这里像天堂一样，真是太好了！"于是他要求狱卒同意他住下来，狱卒不但首肯，还对他说："这一间房子是你的，整个山水花园，所有的用品器具都是你的。"

一下子得到那么多的意外之喜，他觉得像是一场梦。狱卒又说了："你放心地住在这里，这里没有什么事情要做,你每天尽管睡觉休息,不必工作。"他真是意想不到,竟然到了幸福的天堂了。

安顿下来,闲时看看花草树林,池中七彩的锦鲤,日子倒也十分惬意。一天、二天、三天,一个月、二个月、三个月,一年、二年、三年,眼前的山水他也看得生烦了,舒适的生活却找不到人和他说说话,没有同伴思想意见的交流,他开始感到精神上的苦闷。慢慢地坐也不是,睡也不是,行走也不是,他被困在这里面,心不能安,不能忍耐这种枯燥无味的生活。

于是他就把这个狱卒找来,问道:"你怎么可以把我带来住在这样的地方呢? 这里简直像个地狱一样啊!"狱卒淡淡地答道:"你以为这是哪里? 这里本来就是地狱。"

什么是天堂? 什么是地狱? 没有工作的成长,没有人际的交流,没有劳动的服务,没有神圣的奉献,孤独就是黑暗冰冷地狱的所在。

胖子学裁缝

能将自己所拥有的加惠于人，才是真富有。

有一名胖子，胖到没有一家服装店有适合他穿的衣裤尺寸，他因此非常难过，难过得想要自杀。他的父亲看到自己的儿子因为穿衣的问题苦恼，就告诉他："既然没有一家服装店有你的尺寸，倒不如自己缝制衣裤啊！"他想了想这个主意不错，于是跑去学裁缝。

几年后，缝制出心得，想到与他有着相同境遇的人一定不在少数，于是筹资开设制衣工厂，成立胖子服饰专卖店，生意好得不得了，不仅替自己也替别人解决了穿衣的问题，更因此得到了社会的掌声。

成功的人有一种积极、乐观的特质，能够让他们在危机、困难当中振作自己，寻出一条生路，不会让自己沉溺在困境当中，不知所以。

生命的智慧，往往在挫折当中渐渐发掘，渐渐成熟，所以不要害怕逆境，《菜根谭》有云："欲做精金美玉的人品，定从烈火中锻来；思立掀天揭地的事功，须向薄冰上履过。"生命中每个境遇的出现，必然有它的道理，若有自觉力，就能看出个中端倪，寻出解决问题的蛛丝马迹。

故事中的胖子，在面对问题的时候不会被套牢，慌乱不知所措，反而能以此开创出生命的另一片春天，化危机为转机。更因为自身的遭遇而能深入体会他人的感受，发挥同体大悲的精神。能将自己所拥有的加惠于人，才是真富有。

哲学家与船夫

唯有考量自己的心向和兴趣,一门深入,才能在日积月累中领受个中滋味,展现所学。

现在是一个知识经济的时代,讲求的不仅仅是学历、经历,还需要拥有掌控情绪及不断充实学习的动力和自制力,更重要的是具有人文、伦理道德的观念,以及专业的技能。

然而,知识领域极为广泛,个人不可能样样都精通,唯有考量自己的心向和兴趣,一门深入,才能在日积月累中领受个中滋味,展现所学。有一个故事,把这种观念诠释得很透彻:

有一个船夫,在激流中驾驶小船,船上坐着一位哲学家。

哲学家问船夫:"你懂得历史吗?"

船夫回答说:"不懂。"

哲学家给予批评说:"那你已经失去一半的生命了!"

接着他又问:"你研究过数学吗?"

船夫回答:"没有!"

哲学家又批评道:"那你就失去一半以上的生命了!"

话刚说完,一阵狂风巨浪把船打翻了,两人落入水中,船夫对哲学家大叫:"你会游泳吗?"

哲学家说:"不会啊!"

船夫无限同情地对他说:"那你现在就要失去整个生命了!"

俗语云"行行皆通,行行稀松",想想也是的。一个人的生命数十寒暑,哪里能学得了世上那么多的专长、职业呢?所以,每个人只有就自己的兴趣、需要,来加以"一门深入"。

因此,各行各业的领导人应该"尊重专业",不能要求个个都是通才;也希望天下的父母,对于子女的要求,只要能有一技之长,就非常难能可贵,不必执着过去陈腐的思想——又要马儿好,又要马儿不吃草,对儿女要求文武全才,百般武艺样样精通,这已无法合乎现代社会的需要了。

　　希望我们的社会，今后人人都能"尊重专业"，才能在时代的潮流与趋势里，不断开创新气象。

放空自己

要懂得放空自己,拥抱大众,才能活得更有尊严,更具魅力。

现代社会物质生活日益丰沛,可是为什么贫困、茫然不知所以的灵魂也随之愈来愈多了呢?

社会产业不但为人类生产物资、提升经济力,也不慎生产了许多盲目、忧虑的灵魂。人类世界竖起的高墙更是愈来愈多,愈来愈坚硬,致使每个人只看到自己,看不到墙外的世界。这个现象可以说是人与人之间共生共存的极大危机。

有一个富翁,家财万贯,子孙满堂,物质生活毫不匮乏。虽然如此,他仍然觉得日子过得一点意义也没有。于是他就去找 位哲学家倾吐心中的郁闷,希望哲学家能解决他的愁苦。

哲学家听了富翁的困扰后,就带富翁到窗边,指着路上熙熙攘攘、形形色色的行人，对他说："你看到些什么?"富翁回答："我看见男男女女，还有老人和小孩。"

之后，哲学家又带着他到一面镜子前，问他："现在你能告诉我，你看到些什么吗?"富翁说："在镜子中我看到我自己!"哲学家最后将镜子放在窗户的对面，要富翁看看镜子再看看窗户，富翁似乎略有所悟。

"了解了吗?"哲学家微笑着说："窗户和镜子一样都是玻璃做成的，不同的是，镜子的一面镀上了水银，你才会只看到你自己，看不到别人。"

只看到自己，却看不到别人，那样的生命是很孤寂的。

《杂阿含》中提到："有因有缘集世间，有因有缘世间集。"佛教讲因缘，认为世间一切皆是相依相待、互为因果的。这个世界之所以形成，是因为有日月星辰、山河大地、草木丛林、十方有情，因此彼此之间的关系甚为密切，更是一体而无二。一旦明白了这一点，即能了解到我与众生，与万物同体的奥妙，了解到与人，与自然共处的快乐。

一回，我在台上讲演，其中提到《金刚经》的"无我相，无人相"，我的母亲恰巧也在场听讲。演说结束，母亲对我说,做人怎可"无人相",心中怎么能没有大众呢?是的,心中应该有大众,生命才能开阔、开朗。

别让自己在物欲洪流中,成为一个独立生存、失去灵魂的物质动物,要懂得放空自己,拥抱大众,才能活得更有尊严,更具魅力。

头戴大粪的痴人

固执己见,让人蒙蔽了智慧的双眼。

过去有一个人,以养猪为生。某天他到城外找朋友,回家途中,经过一处荒废的村庄,突然见到地上有一堆干粪,他心想:"假若将这一堆干粪以草捆绑起来,带回家中,便可以让小猪饱餐一顿。"

随即在地上找了一些草,将干粪捆住,顶在头上,欢喜地往回家的路上走去。

走着走着,原本晴朗的天空,突然下起倾盆大雨,路上行人无不被这场实时雨淋得四处奔窜。戴粪的人,因为走避不及,也被淋得一身湿透,头顶上的干粪全都化为粪水,从他的头上一直往下流到脚踝。经过他身边的人,纷纷朝着他耻笑说道:"你真是愚痴啊!即使是朗朗晴空,也不会有人将恶臭的粪便顶在头上,更何况是下雨天呢!"

戴粪的人不但未露愧色,反而指责对方说:"你才是痴人! 倘若知道,我是为了让家中的小猪获得温饱,才如此做,就不会骂我是愚痴人了。"

固执己见,让人蒙蔽了智慧的双眼,误以为眼前所见、耳朵所闻皆是真相。事实上,我们往往会因此变得主观,看不清事物的真实所在,所想、所说、所行,尽是愚痴事。好比戴粪的人,执着于自我认定的想法,不懂得随机应变,做出惹人讪笑的行为。

一个固执己见的人,不容易接受他人的意见。譬如失意时,只要不放弃,人生总有柳暗花明的一日。他执着于自己不可能再成功,生命就真的会暗淡无光。人一旦认定一个想法,就没有转圜的余地,是很可怕的,因为他的思想,永远无法与时俱进,只会墨守成规,于原地踏步而已。

唯有从善如流的人,才能随缘自在,活出生命的璀璨,体得人生的风光。

命运与船

人间就像一艘船，有缘同乘同渡，一旦船翻了，自己又焉能存活？

宁静的江上，有一艘满载乘客的船，就快要到达彼岸时，突然有个人高喊："船进水了呐！"原来船底不慎破洞进水。这下子，全船的人个个惊慌叫喊。眼见江水渐渐渗入船舱，船夫赶忙抢救，乘客更是一齐设法补洞阻水，上上下下总动员，有的舀水、有的想法子填补破洞，一时间，慌乱，喧哗，紧张。

独独坐在船尾的一位乘客，一副事不关己的模样，悠闲无事地安坐原位，看着大家忙不迭，竟不以为然地说："瞧瞧你们，破了就破了嘛！这船又不是我们的……"

因为"不是我的"、"不关我的事"，所以对社会人群失去关怀，这般心理是现代社会人情疏离的病因之一。

佛教提出的缘起思想，"缘"指的是相互共生的关系。人是群居的动物，须要仰赖相互供给、彼此依存的关系才能存在，不论生活所需、知识的汲取、情感的互动都是如此。现代人之所以活得不快乐，便是人与人之间缺乏互信，冷漠相待，造成心灵的疏离感所致。

凡事只想到自己的人，生性冷淡，对于他人的苦难感到事不关己，对社会大众漠不关心，对公共事务也一概无动于衷，甚至对父母、兄弟、亲族等，都不懂得如何去关怀问候，缺乏与人相处的动力和感情，就像现在新人类口中所说的"御宅族"。

《孙子·九地》说道："吴人与越人相恶，当其同舟而济，遇风，其相救也，如左右手。"纵是相恶之人，面临困难也当携手齐心突围。想想，生活所有都是各行各业付出一己之力才能成就，我们能不发挥同舟共济的精神，回馈、贡献一己的力量；人间有难时，能不以情义相扶持，帮助有缘无缘的人度过难关吗？

人间就像一艘船，有缘同乘同渡，一旦船翻了，自己又焉能存活？

黄金月亮

不以自己的角度、观感,而与有情众生同心同眼、同悲同喜,才能找到"解铃"的方法。

从前有一个小公主,每夜躺在病床上,望着窗外的月亮,想着,要是能拥有月亮,那该多好呢。她把这个想法告诉国王,国王爱女心切,希望能满足小公主的愿望,于是召集大臣商讨解决的办法。

然而,任凭大臣们绞尽脑汁、苦思冥想,还是想不出办法。一时,整个宫廷,为了怎么摘下月亮,营营而不可开交,国王为此更是又急又恼。一天,一个法师到宫廷布教,听说这件事情后,便胸有成竹地前去请见国王,表示他可以满足小公主的愿望。国王开心极了,迫不及待问法师有什么办法。法师信誓旦旦地说:"国王啊!你得让我与公主见个面。"国王二话不说,立即安排法师与小公主会面。

法师亲切地问："小公主，你看到的月亮到底有多大呢？"

"月亮啊！有这么大。"小公主将食指略弯了一下，认真地回答法师。

法师又问："那月亮是什么颜色呢？"

小公主看着窗外，细声说："金色的。"

走出房间，法师请国王找一个工匠，用金块铸造一个如食指粗的月亮，送给小公主。拥有月亮的小公主，终于因为遂心如愿，渐渐康复起来。

月亮怎么可能摘下来呢？就算大臣们想破了头，也不可能办到的。法师明白这个道理，所以他走到小公主的世界里，去想解决的办法，因为"解铃还须系铃人"。

菩萨度众生，有以"同事"摄众，《仁王护国般若波罗密多经》中说明同事摄众是"如共一船，忧喜同故"。《法界次第初门》则说："菩萨用法眼，明见众生根缘。"不以自己的角度、观感，而与有情众生同心同眼、同悲同喜，才能找到"解铃"的方法。

金鹅的羽毛

银色的夫妻,金色的伴侣,白头偕老的不二法门,不外乎"忍让"两字。

从前,有一对做木匠的夫妇,夫妇俩恩爱非常。这个木匠很疼爱他的妻子,每天努力工作,希望能够多赚一点钱,给妻子过富裕的生活。虽说如此,木匠的所得毕竟有限,一直没过上富裕的生活,他心里常觉得过意不去。

后来,木匠病死了,由于生前不懂得行善,又没有智慧,所以阎罗王判决他要堕落到畜生道。又因为他为人老实,所以阎罗王就给他一个机会,让他自己选择要做哪一类的畜生。

木匠就向阎罗王要求说:"我想当一只有金色羽毛的鹅。"

"哦,为什么呢?"阎罗王好奇地问。

"过去我很贫穷,没法给妻子过好日子,心中总觉得过意不去。想起过去夫妻恩爱,我希望能化成一只拥有金色羽毛的鹅,重新再回到她的身旁。这样一来,她每天可以拔我身上的一根羽毛去卖,日子会过得好一些,我也了却一番心愿。"

于是,木匠就投生为一只金鹅,重回家里。

金鹅每天站在破落的木窗下,深情地望着爱妻。妻子起初看到这小鹅金色的羽毛,觉得很奇特,不禁多看它几眼。但金鹅天天准时到窗口,她也习以为常了。她仍忙于家中的生计,每天早出晚归,无心多关照这只金鹅。

小鹅很快就长大了。起初妻子看到这只金鹅的羽毛这么漂亮,十分疼爱,舍不得有一点伤害。木匠便托梦说:"我这个金羽毛像黄金一样,是可以卖钱的,你每天就拔一根去卖吧。"她便因此照着去做,每天拔一根羽毛去卖。

就这样,每天卖,每天卖,卖出兴致来了。妻子心想:每天只拔一根,能卖的实在太有限了,如果能多拔几根来卖不是很好吗?于是不顾金鹅的痛苦,每天拔上好几根。最后金鹅实在痛得无法忍耐,心中起了怨恨:

夫妻的感情,到了要钱的时候,就完全变质了,难道你一点都不体谅我的痛苦吗?

夫妻的爱情,要建立在彼此的了解与体谅,只为金钱结合的爱情,千金散尽,爱情也烟消云灭了。金鹅因为当初护妻的爱心,平凡的羽毛变成黄金,最后却忍耐不了妻子的要求,失去了金色羽毛的特权。

昔日的恩爱,如同金鹅的初心,万般顾念心头的爱妻,许诺给她一个金色富足的未来。但由于彼此的不能忍让与体谅,太多的我执,不肯多听对方的心声,最后,彼此失落当初美如真金的美满婚姻。

金鹅的羽毛,靠夫妻双方爱护。银色的夫妻,金色的伴侣,白头偕老的不二法门,不外乎"忍让"两字。

裸人国

站在对方的立场，以对方最能接受的方式，自然地摄化他。

很久以前，有一对兄弟各自备办了物资，一起出门去做生意。有一天，两人来到了裸人国的边界，据说这个国家的人都不穿衣服。于是，弟弟对哥哥说："这里的风俗和我们不同，如果想要在此做买卖，就要入境随俗。"

哥哥听了不以为然，说道："无论到什么地方，礼仪不可废，德行不可退。怎么可以跟他们一样，光着身子，这实在太不合乎礼节了。"

弟弟力劝哥哥："古代不少贤人，虽然在外相形貌上有所变化，但内心举止仍是十分正直，此即'殒身不殒行'，这也是戒律所允许的。"

哥哥想了一下，说道："这样吧！你先去看看情况如何,再派人回来告诉我。"

于是,弟弟就先到裸人国做生意。

不到十天,弟弟就派人来传达,告知哥哥:"一定要按照当地的风俗,才能成事。"

哥哥听了这句话,心里很不高兴,说道:"不好好穿衣做人,反而要我像畜生一样,光着身子行事,难道这就是君子应该做的吗? 我绝对不要像弟弟那样。"

当时,裸人国有一个风俗,就是在每月初一、十五的晚上,大家会用麻油擦头,以白土涂身上,戴上各种装饰品,以两石相击,男男女女一同牵手、唱歌跳舞。弟弟也装扮成这个模样,加入他们的行列,一起载歌载舞。因此,无论是裸人国的国王或百姓,大家都十分喜欢他,并且相处得非常融洽。所以,国王不但买下弟弟带来的所有货物,且付给他十倍的价格。

不久,哥哥也乘车来了,不过他满口仁义道德,处处指责裸人国的不是,因此引起国王和人民的愤怒。大家把哥哥抓起来狠狠痛揍一顿,而他所带来的财物,也全部被人抢走,所幸有弟弟帮他求情,才能够获得释放。后来,兄弟两人准备回途,裸人国的百姓全都跑来为弟弟送行,可是对同行的哥哥却骂声连连,不绝于耳。哥哥虽然不高兴，可是也无可奈何。

佛教里讲"同事摄"，就是站在对方的立场，以对方最能接受的方式，自然地摄化他。因此，《普门品》里的观世音菩萨有三十二应化身，只要众生应以何身得度者，观音菩萨即现何身而为说法，这就是"同事摄"。同样的，生活中无论是父母教育子女、老师教导学生、主管领导属下，也是要以同事摄的方法，才能真正的摄受、感动对方，达到教化的目的。

猫儿问食

有智慧的教育，不应建立在完全否定上。

话说一只母猫生了小猫，小猫在母猫细心呵护下逐渐长大，一直到该断奶的时候，小猫对母猫说："妈妈，以后我不吃奶，要吃什么呢？"母猫就告诉它："孩子，不用妈妈说，人类自然会告诉你，你要注意听人类说的话呀。"小猫开始注意听人类讲话。

有一天，这个家的主人对孩子说："你要把卤肉的锅子盖好，还有那条煎好的鱼也要盖，青菜也是，不能给猫偷吃了。"小猫恍然明白："哇！原来鱼、肉、青菜都是猫可以吃的，如果不是这样，为什么人类要统统盖起来呢？嗯，我今后就可以吃这许多东西了。"

"猫儿问食"反映有些人犯下"此地无银三百两"的毛病，愈是遮掩愈是显露，所谓欲盖弥彰，适得其反。有父母教导儿女，只是叨念着：你不可以去打吃角子老虎,你不可以跟坏朋友混在一起,你不可去赌博、吃喝、玩乐……愈说不可以,孩子反而好奇想去看看,去尝试尝试。

有智慧的教育,不应建立在完全否定上,父母老是说"不可以"、"不对"、"不行",这样是不正确的。应该在平常的教育中,教导子女什么是"可以的"、"可行的"、"应该做的"、"有意义有价值的"、"值得去冒险的"。比方说:可以去找老师请教请教,可以到图书馆去找参考书籍,可以到寺院里面去,请法师开示,可以找朋友去山林海边,到大自然里面欣赏风景,可以去参加征文比赛,可以参加社会公益等。以正向、肯定的层面,教导子女正确的做法与观念,引导子女走向正确的路。

如果总说"不可以"、"不可以",这样反而让猫可以偷吃鱼,不妨多多以正面的教育,为孩子的未来打造一片碧海蓝天。

胡乱模仿的秃枭

一个对自己缺乏自信，看不见内在特质的人，惯于模仿他人，结果仅是落得"东施效颦"的笑柄。

远古以前，有一只秃枭飞到宫殿上方，望见鹦鹉特别受到国王的宠爱，内心十分羡慕。秃枭趁着鹦鹉独处时，飞近它的身边好奇地问道："为什么你特别受到关爱与照顾呢？"

鹦鹉回答："我来到宫殿的时候，在国王的寝宫叫着美妙悦耳的声音，国王听了心中大悦，因此对我宠爱有加，将我留在身边，还以五彩缤纷的珠宝为我装饰。"

秃枭听了以后，嫉妒忽由心中冒出来，它暗自盘算："我声音的优美远远超过鹦鹉，假若飞到国王身边鸣叫，势必受到国王加倍的喜爱。"

择日不如撞日，秃枭立即飞到国王寝宫的窗边，开始大声的鸣叫。正值国王午睡之际，被秃枭的叫声惊醒，一阵毛骨悚然的情绪涌上心头。于是，问身旁的卫士："是什么声音？听得让人不寒而栗？"

左右卫士回答："是一只秃枭在外头鸣叫。"

"派人将它抓起来。"此时的国王，早已怒火中烧。

过没多久，秃枭便被抓到国王跟前，此时的秃枭以为可以领赏，内心正欢喜若狂。不料国王命令卫士，说道："原来就是这只叫声怪异的秃枭，扰乱我的美梦，立刻将它身上的羽毛拔光。"

不一会的工夫，秃枭已全身光秃，被卫士丢到野外。疼痛难耐的秃枭边走边呻吟的哀叫，经过的飞禽走兽纷纷上前慰问："你怎么会变成这副样子啊？"

秃枭满怀嗔恨的抱怨："我会如此凄惨，全都要怪罪鹦鹉的胡言乱语啦！"

秃枭自始至终，仍不懂得反躬自省，自我检束，一味将过错怪罪在鹦鹉身上，实在可悲。世间如秃枭性格的人随处可见，或不知过，或知过不改。遇错，不是强加辩解，就是顾左右而言他，甚至推卸责任。其实，勇于认错，不但无损气节，反而会受到众人的尊敬。

一个对自己缺乏自信，看不见内在特质的人，惯于模仿他人,结果仅是落得"东施效颦"的笑柄。唯有看清自己,在自我的特质上发挥,才能散发出自信的香息。

六根会议

"用"有多方面的诠释，此处无用，他处却是大用。

人的身体是由眼、耳、鼻、舌、身、心和合所成，也就是所谓的六根。有一次，脸上的五根举行一场会议，会议要表决的是，谁是人类脸上最重要的角色。

眼睛首先开始发难，不屑地指着眉毛说："人身体上最重要的就是眼睛，我如果不睁开眼睛，人怎么能走路？有了我眼睛，人才看到青黄赤白，欣赏世间美好的色彩，代表人类灵魂的窗子，却不幸让一个没有用的眉毛，高高地站在我的上面。"

眼睛说了以后，耳朵也附和地说："我为人类聆听各种美好的音声，替他们分辨是非善恶，功劳也不少，为什么要不做事的眉毛排在我们的前面呢？"

鼻子更加愤愤不平："人身体上最有用的是我这个鼻子！你看，如果鼻子不吸气，大家都活不了。"

嘴巴也鼓起如簧之舌:"身体上最有用的是我这张嘴!你看,我要讲话,人才有办法沟通彼此的感情;我要吃饭,人才能活下去。这么一张有用的嘴,竟然不幸的生在这么卑微的地方,让最没有用的眉毛高高在我的上面。"

眼、耳、鼻、舌,你一句我一句,向这个眉毛斗争不休,眉毛招架不住了说:"大家不必吵了,我知道我眉毛没有用,不够资格在你们的上面,我愿意到下面来。"眉毛跑到了最下面。大家仔细看了看,实在不对劲,这样的排列像个怪物,不像个人。终究他们只好心甘情愿退让,请眉毛回到原来的位置。

眉毛无用,无用就是大用;眉毛在最上层,人才像个人。

看人不起,视人无用,都是欠缺智慧。"用"有多方面的诠释,此处无用,他处却是大用,即使废物都可以资源回收,变成有用的东西;经典也再三教导,不轻慢后学,下下人也会有上上智。宇宙万物要在"尊重"中共存,才能经久不息。

老虎吃狼

朋友之情，若以"损失"衡量，哪能称得出真情真义！

有只狼因经常对老虎赞美、献媚，而成为老虎的拜把之交。每当老虎有美馔佳肴时，狼总能分到一杯羹。彼此也就这么你赞美我分食，相安无事。

某日，老虎饥肠辘辘却觅不到食物，"哎呀！饿昏了！"老虎喃喃自语着。它眼光一扫，方圆百里之内杳无人迹，只有与它称兄道弟的狼。"狼兄弟，我饿了，又找不到食物。你牺牲一下，饱足我的胃吧！"

狼听到自己将成为老虎的盘中餐，吓得腿都软了，"老虎兄，我平日对您恭敬万分，你怎能吃我呢？"它发出颤抖的声音说着。

老虎回说："就因为你恭敬我，这个时候更应该牺牲自己啊！"

狼更加畏怯，立时说道："我对您的孝顺无人能比，吃了我，就再也无人可供您使唤，对您来说岂不是一大损失。"

老虎不耐烦地说："我平常有东西就分给你吃，把你养得肥滋滋的。现在吃了你，怎会是损失呢！"

朋友之情，若以"损失"衡量，哪能称得出真情真义！

"君子淡以亲，小人甘以绝。"交友若以"利"为前提，就如饮果汁，虽甘却易变质；若重道义、讲仁慈、互相尊重，才能永若金兰。

佛经告诉我们，朋友有四种：

一、有友如花，你功名富贵，他像蜂簇拥而至，一旦失意落魄，则弃你如敝屣。

二、有友如秤，你有地位时，对你卑躬屈膝，一旦失势，他则趾高气扬，态度大变。

三、有友如山，大德高义，让你日沾月沐、受益良多。

四、有友如地，以广阔的心承载、包容。

在交友上，对于如山、如地的朋友，应亲附之；遇到如花、如秤的朋友要懂得默然离开。

做自己

依着自我的本性发挥，才能活出自己的风采。

牛的本性驯服善良，与世无争。时而在草原上觅草饮食，时而在河边饮用清凉的河水，镇日随草而居，生活过得十分惬意自在。

有一头驴子，对于牛群自在的生活，非常地向往，一直很想融入牛群的世界里。驴子自白心声："牛群多么自在悠闲啊！吃着嫩草，喝着清水，令我心向往之。真想学它们的模样，一起享受美好的时光。"它观察许久，也思考再三，终于决定走进牛群之中。

于是，它缓缓地走近牛群，开始学着牛吃嫩草，喝清凉的河水，自以为悠闲地享受着。但驴子的本性仍挥之不去，它不由自主的用前脚刨地，扰乱了牛群世界里的宁静。牛群压抑着高涨的情绪，不想与驴子计较，没想到驴子又学着牛的叫声："我是牛啊！我也是牛。"

乱吼乱叫的声音,仍是驴子的音声,这下可真恼怒了牛群,再也耐不住性子,群起围剿不像牛的驴子;它们以牛角一起抵杀驴子,而后扬长而去。

人都想受人赞美,获人青睐,故而希望自己有独特的气质、过人的才能、特殊的成就,总是一味地应和别人的眼光来改变自己,如此容易失去自我,而落于"刻鹄不成尚类鹜,画虎不成反类犬"的境地,终究得不到别人的肯定,反而越活越没了自信。

其实,每个人都有各自的本色,都有不同于人的独特性格,无须胡乱模仿他人,东施效颦,也只是惹人讪笑。唯有依着自我的本性发挥,才能活出自己的风采,使生命发光发热。

齐桓公改奢

教育的影响力是双向的，上行之下效之，下视之上必正。

春秋时期，齐桓公当上国君时，原想杀了拥戴公子纠的管仲，以报"一箭之仇"，但因为鲍叔牙的大力举荐，任他为宰相，相继推行改革、尊王攘夷，而能九合诸侯，成为春秋五霸之首。齐桓公放下仇怨，以管仲天下之奇才的谋略，造就了齐国霸诸侯，一匡天下的盛誉。

管仲辅佐齐桓公治国的智慧，也在匡正国家风气中展现。一天，齐桓公与群臣集会时，发现臣子穿着太过华丽讲究。于是与管仲讨论："我国甚小，财用贫乏，但是群臣不论衣服还是乘坐的舆驾却奢华无度。我想下令禁止，你认为可行吗？"

管仲思索了一会儿，回："臣听说，国君品尝一下味道，臣子便一整碗吃下；若喜爱一件物品，臣子便起效之。现在您吃的必桂之浆，穿的是练紫之衣、狐白之裘，这都是群臣之所以奢侈挥霍的原因。所谓'不躬不亲，庶民不信'，要禁止这些奢侈的风气，何不先以身作则？"

从此，齐桓公一切的食用力求简约、朴实。过了一年果真风行草偃，群臣移风，齐国臣民无不起而效之，一改以往奢华的恶习，日常生活都是俭朴无华。

社会国家有不好的风气，制法以严禁的力量，不如领导者以身作则的教育力量来得大。领导者的一言一行，是团体的榜样与模范，不能不谨慎。我曾对信徒说，大家是我的老师，因为十目所视的要求，"教育"我一切举止应当威仪端正。

教育的影响力是双向的，上行之下效之，下视之上必正。有德有智的领导者明白，身教更甚于"法"教，齐桓公的以身作则，用心力改臣民的陋习，使国家更趋稳定，这是所有领导者当仿效的好典范。

虞丘是贤人

现今企业管理，要立于不败之地，则必须广纳各界精英。

春秋战国时代，楚国大夫虞丘，深得楚庄王的信赖。

一天傍晚，楚庄王与虞丘共同商讨国家政事，不知不觉谈到晚膳都忘记食用，到了深夜才回寝宫。夫人樊姬好奇地问庄王："朝中发生什么大事，忙到这么晚才回宫？"

庄王："我是和虞丘兴致勃勃地讨论政治，不觉中就到了半夜！虞丘是楚国不可多得的大贤人。"

樊姬："虞丘有向你推荐其他的贤人吗？"

庄王："这倒没有，不过，他滔滔雄辩，必定贤能。"

樊姬："依我看，虞丘不一定是贤才。"

庄王："你如何测知？"

樊姬："臣下侍奉君王,应该如同妇女侍奉丈夫的道理一样,如我主持宫政,凡是宫中所有佳肴美色,总先送到大王面前,但是今天,虞丘与大王谈论国事,直到深夜,却不见他推荐一位人才。一个人的智力有限,而楚国的贤才还多着呢!虞丘一味地表现自己的才华,而埋没了其他有用的贤人,如何能称为贤人呢?"

隔日,庄王将樊姬的话说给虞丘听。虞丘说:"微臣愚昧,竟然没有注意到这点,臣这就去办。"

虞丘于是遍访群臣,从大臣斗生身边得知,蒍贾的儿子蒍敖是位将相之才,便将此人推荐给庄王。庄王说:"蒍贾是一位智者,儿子必然不平凡!"

随即,命令虞丘和斗生前往礼请蒍敖,进入朝廷做官。

以此推衍,是贤才与否,不单是自身能力的高低,懂得为团体、为社会、为国家举荐人才,提携后学,不仅有助整个团体、社会与国家的发展,也可从中看出个人心量的大小。

现今企业管理,要立于不败之地,则必须广纳各界精英。而这些精英当中,愿意推荐人才的人,在团体中扮演关键的角色,因为这样的贤才,攸关团体是否能全面性的向上提升。正如楚庄王因樊姬的一席话，开始广纳天下英才，终能寻得身在田野农舍的孙叔敖为宰相，而奠定楚国富强之基。

多一份用心，

多一份慈悲，

多一份善解人意的巧慧，

突破人性的围墙。

不论是有情动物，

或是无情的花草树木、

山河大地，

都有我们值得学习的地方。

唯有虚心学习，

才能领纳一切万有深层的智慧。

只看到自己，却看不到别人，

那样的生命是很孤寂的。

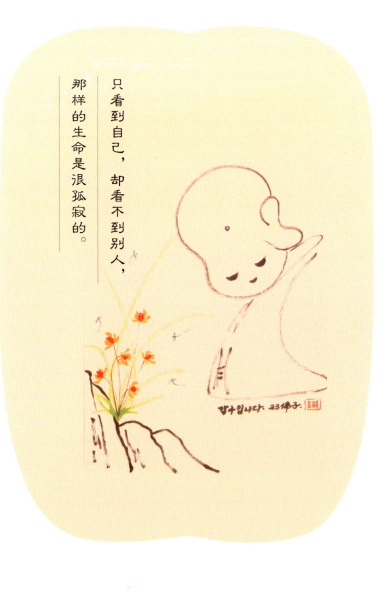

对人对事，有情有义，

义无反顾，自能让人欢喜亲近，

赢得他人的敬重与信任。

优孟衣冠

以一技之长为人解困，是悲智双运的展现。

春秋时代，楚庄王宫廷有位艺人优孟，《史记·滑稽列传》形容他"长八尺，多辩，常以谈笑讽谏"。优孟滑稽多智，常以调笑戏谑讽谏，他曾经劝谏楚庄王以大夫的礼仪厚葬爱马的不当之行。优孟还有一件为人称道的事迹。

楚国宰相孙叔敖（蒍敖）深知优孟是位贤人，十分礼遇他。孙叔敖一生清廉，没有储蓄多少家产，因而在临终前嘱咐儿子："我死后，你必定贫困。到时你可以拜见优孟，就说你是孙叔敖的儿子。"果然，不到几年的光景，家境日渐萧条，生活贫困。

一日，孙叔敖的儿子在路上遇到优孟，想起父亲的遗言，便对优孟说道："我是孙叔敖的儿子，先父临终前曾嘱咐我，家贫时可去拜见您。"优孟交待："你不要到远处去,耐心等候我的消息。"优孟感慨孙叔敖一生奉献国家,死后家中却一贫如洗,于是花了一年的时间,模仿孙叔敖的动作、神韵,学习他的言行举止,音容笑貌,惟妙惟肖到旁人都无法分辨的境界。

在一次楚庄王的酒宴上,优孟穿戴上孙叔敖的衣冠,上前为楚庄王敬酒。庄王大吃一惊,以为孙叔敖复活了,想要再请他为相,优孟表示必须先回家与妻子商量,希望楚庄王给自己三天的时间。

三日后,优孟回复楚庄王:"我妻子认为楚国的宰相不值得做,像孙叔敖一生尽忠清廉治理楚国,使楚王得以称霸诸侯。如今死了,他的儿子却无立锥之地,贫困潦倒。"优孟随后又高歌一曲:"居耕田苦,难以得食。起而为吏,身贪鄙者余财,不顾耻辱。身死家室富,又恐受赇枉法,为奸触大罪,身死而家灭。贪吏安可为也!念为廉吏,奉法守职,竟死不敢为非。廉吏安可为也!楚相孙叔敖持廉至死,方今妻子穷困负薪而食,不足为也!"

楚庄王听了很受感动,觉得自己对故臣照顾不周,于是召见孙叔敖的儿子,赐以土地与奴仆,使他家生活得以改善,一生保有富贵。

优孟运用自己臻于完美境地的表演技巧,为孙叔敖妻儿解脱困境,是悲智双运的展现。能以一技之长为人解困,这样的"表演"不是更有意义,更完美吗?

女扮男装

如果自己心术不正，知见有误，或是习惯癖好都不正当，如何要求周遭的人循规蹈矩？

齐灵公喜欢看女人穿得和男人一样，于是齐国的女人都流行穿男装。齐灵公看了非常不高兴，派官吏去劝阻女人穿男装，并下令："凡是女人穿男装，就割断她的衣带，撕破她的衣服。"可是，虽以这样强烈的手段来禁止，仍然无法阻止女人穿男装的风尚，这使得灵公非常的苦恼。

晏子知道这情形，跑去见灵公，灵公问："为何受罚的人很多，却仍禁止不了女人爱穿男装？"晏子回答："您让宫内的女人穿男装，来博得您的欢心，这已形成一种时尚，却又禁止宫外的女人穿男装，就如同在门上挂着牛头，却在门内卖马肉一样，谁会信服呢？为什么不从彻底改正这样的风尚着手？"

齐灵公采纳晏子的意见,下令宫内的女人不得再穿男装,果真不到一个月,齐国境内,就不再见到穿男装的女人了。

古曲《城中谣》:"城中好高髻,四方高一尺。城中好大眉,四方且半额。城中好广袖,四方全匹帛。"讽刺的就是这种上行下效的风尚。城中流行梳着高髻的装扮,喜欢眉毛浓浓的妆,妇女喜欢着宽袖衣服,不多久,连乡下地方的妇人都流行把发髻梳得高高的,眉画得浓浓的,甚至不惜浪费一匹布,只为了做件宽袖的衣服。

《增一阿含经》中,佛告诉弟子:"比丘当知,众生根源皆自相类,恶者与恶相从,善者与善相从。过去将来众生根源,亦复如是,以类相从。犹如以净与净相应,不净者与不净相应。"如果自己心术不正,知见有误,或是习惯癖好都不正当,如何要求周遭的人循规蹈矩? 如何期望所结交的朋辈能够是光明磊落的谦谦君子?

徒法不足以自行,匡正风俗若不从仁义礼智上着手,恐怕仅是扬汤止沸,虽得一时之效,却无法釜底抽薪,获得究竟的功效。"法"毕竟还得以义、道德作为基本思想,才能维持人间秩序。

各拥其宝

有权而无道，或有钱无道，虽能享受一时，却无法名垂千古，甚至还有可能遗臭万年。

春秋战国时代，一个宋国人无意间得到一块宝玉，于是他就将宝玉献给大臣子罕，然而子罕却拒绝了他的馈赠。

献玉人百思不得其解，以为子罕嫌弃这一块玉不好，于是赶紧说道：

"这块宝玉我已经请人鉴定过了，正因为它是公认的稀世珍宝，为了表达我对您的尊敬，所以才敢斗胆进献给您啊！无论如何，请大人收下小人的这一份心意。"

子罕听了后，点头微笑地说："你不要误会了。我不是嫌弃你的东西不好，而是我以不贪为宝，而你却以玉石为宝。如果你把你的宝给了我，我们都将会失去彼此的宝贝，还不如你我各自保管好自己的宝贝吧！"

献玉人听了，急忙向子罕跪下磕头道："我一个小老百姓，身边拥有这么贵重的东西，恐怕会带来杀身之祸。献给大人，也是为了要保全小人的性命啊！"

子罕听了，便将他安置在城里，并请玉工将那一块宝玉加以琢磨，换得了钱财后，再让他带回家。

在一般人的观念里，认为生于帝王富贵之家，便能拥有无上的权势与富贵，因此千百年来，多少人汲汲于追求这样的目标。然而有权而无道，或有钱无道，虽能享受一时，却无法名垂千古，甚至还有可能遗臭万年。

子罕为官，以不贪、清廉奉公为宝，因此受到世人尊崇，千古流芳。而世间人以有形的钱财、富贵为宝，殊不知人的欲望就像无底洞一般，永远没有满足的一天。到头来，终究会被金钱财货所系缚，无法享有真正富足的快乐。

孔子的弟子颜回，以"一箪食、一瓢饮"的清贫生活，有着"人不堪其忧，回也不改其乐"的自在心境，正是坚守着自己的生活原则，所以心不被物所役，不为外境所转，终能任运逍遥。

颜回犯过

以慧眼看人、看事、看理，才能看出其中的奥妙，看出真理的究竟。

《吕氏春秋》记载：孔子周游列国，到了陈国与蔡国之间。正值兵荒马乱时，旅途十分艰难窘迫。一行人整整一个礼拜米粒未进，三餐全以藜菜煮羹果腹。颜回担心孔子的身体承受不住连日粗食，于是四处觅食，好不容易要到一些白米，立刻烧火煮饭，让大家饱腹。

米饭快熟时，孔子不经意地望见颜回掀起锅盖，抓起一把饭塞进嘴里。孔子假装没看见，转头走掉。

煮好后，颜回先请孔子食用。孔子说："今天我梦见祖先，因此我想先拿来祭拜祖先，再进食。"

"不可以啊！"颜回神情紧张地回说。

"为什么不可以？"孔子故作满脸的疑惑。

颜回嗫嚅地说："刚才煮饭时，有一点灰掉进饭锅里,弃之不祥,又不好意思给大家吃染灰的白饭,所以我先将那一小团白饭吃进肚子里了。"

孔子听后,满怀愧疚,为自己怀疑颜回人格的行为感到抱歉。他叹息感慨:"我们以眼见为凭,但亲眼见到的犹不可信;也凭借自己所想认识世间,但心犹不足恃。大家要谨记在心,了解一个人实在不容易!"

眼见为凭、亲耳所闻、亲身体验一定就是真相吗?因为错误的判断,孔子对得意弟子颜回都会产生怀疑,足以见得,耳目不可恃。亲眼所见、亲耳所听也未必是真相,有时会为六根蒙蔽,或为偏见、短见左右,为愚痴欺瞒。

一段因缘的生起,背后必定有前因后果。常人看到的多半只是事物整体的一小部分,却习惯以偏概全的做出评判,往往是非流言由此起,憎恨纠纷由此生;不见他人的努力,只见眼前的成就,于是误解、嫉妒、隔阂与争执不断。为耳目欺瞒,或失去多年的感情,或错失人才,岂不可惜!

不因一时的判断,去评论一个人的好坏优劣;而知深观因缘,纵观过现未,以慧眼看人、看事、看理,才能看出其中的奥妙,看出真理的究竟。

闻斯行诸

一个善于教学的老师,会根据学生的资质,因材施教。

被世人尊为"至圣先师"的孔子,门下弟子就有三千人之多。孔子对弟子的教导,是依照个人的特质与根器,施以不同的教育法。《论语》便有一则孔子"因材施教"的记载。

一次,子路问孔子:"听到一件合于义理之事,是不是应该立即付诸实践?"

孔子说:"倘若父亲、兄长还在的话,应该先去请示,不能马上去做。"

又有一次,冉有也来请教,问:"听到一件合于义理之事,是不是应该立刻去做?"

孔子回答:"是的,应该立刻去做。"

公西华看在眼里,心里觉得很奇怪,就去请教孔子:

"为什么老师对相同的问题,会有两种不同的答案?"

孔子解释:"那是因为他们两人的个性不同。冉有的性格畏缩不前,所以要他积极向前;而子路个性急躁,所以要他三思而行,不可莽撞行事。"

一个善于教学的老师,会根据学生的资质,因材施教。而佛教的导师——佛陀,也是根据众生的根器,观机逗教,应病与药。对于执空者,佛陀说有;对于执有者,佛陀说空。能够依教奉行者,佛陀耐心给予调教;不能依教奉行者,佛陀也方便加以摄受。所以佛教八万四千法门,三藏十二部经典,无不是因应十方有情根器、性格万千而施设,透得此理,就能明白法法道同,空有不相矛盾,而能在当中寻得适合自己的法门,不致寻寻觅觅,盲修瞎练了。

为政之要

政治、经济、军事三者，都不如以德教化人民来得影响深远。

卫灵公向史鳅问道："为政之要，何者为重?"

史鳅回答："主管刑法的职权最重要。因为审判不正确，死刑者不能复生，残废者不能复原，所以主管刑法者最重要。"

灵公又将同样的问题问子路。

子路说道："主管国防的司马最重要。因两国交战势均力敌时，必须靠司马击鼓来发布命令，如果败北就要牺牲几万士兵，因此主管国防的司马最重要。"

不久，子贡来拜访灵公，灵公再以同样的问题问他，并且说出史鳅和子路的意见。

子贡听完表示："多么没有见识啊！以前夏禹和有扈氏作战，打了三场仗，还不能让对方顺服；夏禹于是班师回国,厉行教化,只有这么一年,有扈氏就自动来归顺了。所以,对百姓实施教化,能够去除人民之间的纷争,既然没有纷争,哪还有什么刑案要审理? 甚至他国自动归顺,战车武器根本就不用陈列,还要鸣什么鼓? 所以,教化才是最重要。"

因此,政治、经济、军事三者,都不如以德教化人民来得影响深远。同样的,无论在公司或团体里,身为主管者或领导人,也要以身行模范、慈悲爱语来感化下属,设身处地为对方设想,沟通取得彼此的共识。反之,光是以命令、权威,强迫对方接受自己的看法,带人不能带心,这样的人事管理,是无法成功的。

用长弃短

"大海不择细流，故能成其深；泰山不辞细壤，故能就其大。"

用人，不能单看一时一事，当要纵观全局，取长舍短。因为每个人资质不一，各有妙用；每个人优劣都有，无好无坏，只要领导者善于带领，循循诱导，破铜烂铁也能成钢。北宋司马光主编的《资治通鉴》中，就记载一段子思颇具智慧的用人之道。

子思曾向卫国国君推荐苟变："他是担任军队统帅的将才。"

卫侯不以为然，回："苟变虽然是个将才，但他为官时，不但赋税于民，还吃了老百姓两个鸡蛋，这样品格的人才，不用也罢。"

子思说："举拔人才就像是木匠择材，应取其所长，弃其所短。一根可以连臂合抱的良木，虽有几尺朽烂之处,高明的木匠是不会扔掉的。卫侯目前正处战国之世,各国都在收罗爪牙之士,如果因为两个鸡蛋放弃了一员大将。这事让邻国知道,恐将陷国家于危难之境!"

卫侯啧啧称是,恭恭敬敬的回:"谨受教诲!"

子思择才的观点,具有大智、大气量。主管对于部属的优点长处,应给予适当的鼓励;对犯错的症结,则给予确切的辅导。古人有言:"大海不择细流,故能成其深;泰山不辞细壤,故能就其大。"用人也是一样,好的领导者,以身作则,胸怀宽广,豁达大度,帮助部属激发潜能,完成自我的实现。这样自然能让部属心甘情愿地工作奉献,并对团体产生同体共生的认知,达到上下一心,融合团结的最高境界。

是鸟不是人

人我相处,设身处地为对方着想,多一些倾听,才是上等的教育,上等的情爱。

久远前,鲁国国都郊外突然飞来一只身高八尺、拥有七彩缤纷的羽毛、身形宛若凤凰的海鸟。大臣们赶忙将此消息上报鲁侯,鲁侯知道后欣喜若狂,决定以盛大隆重的仪式迎接海鸟,并在宗庙大设酒宴,毕恭毕敬地招待它。

鲁侯下令,命宫廷乐师演奏《九韶》之乐,同时派人供上牛、羊、猪三牲的食物,并亲自立侍在旁,恭请海鸟享用。

这个举动,让海鸟不由地头昏眼花,昔日悠游在大海,而今被囚禁在纷扰的人世,它感到胆战心惊,眼中充满了恐惧与忧伤。桌前的酒肉一块也不敢吃,一杯都不敢喝,如是过了三天,海鸟就在过度惊吓与忧悲中死去。

鲁侯不懂得看场合、分对象，盲目地以自己认为的一套做法来养海鸟，却不明白自己做出了适得其反的愚蠢事。

常人往往凭着自己的主观意识待人接物，以自我认定的想法和意见，加诸在他人身上，硬要对方全然的接受。好比现代父母对子女过分的保护、溺爱，以"我这样是为你好"的教育心理，套用在子女身上，导致孩子面对社会万象，丧失了应付的能力，遇到小小的挫折，就像是遭遇天崩地裂的大事，无力处理、一蹶不振，被社会讥为"草莓族"。朋友交往，也总是要求对方照着自己的模式相处，一旦达不到共识，往往在"其实你不懂我的心"的悲叹下，各走各的路。

人我相处，设身处地为对方着想，多一些倾听，才是上等的教育，上等的情爱。

甘茂渡大河

硬叫猫看门，让狗抓老鼠，要武将谈治国之道，命文官领军卫国，都是放错位置。

天生我才必有用，天底下没有一个人是无用的；优劣好坏，不在能力有无，只在于有没有放对位置。对此，《说苑》有一则甘茂与船夫的对话，提供我们一个很好反思的"话头"。

甘茂奉命出使齐国，途中准备乘船渡大河。

船夫讥笑他："你连这条小河都无法自己渡过岸去，还能出任使者，替国君游说他国吗？"

甘茂说："话不能这么说，这个中道理你不懂吗？世间万物各有长短之处，谨慎老实，善良厚道的人，可以侍奉君主，却不宜领军打仗；骐骥骏耳能够日行千里，但放在宫室负责捕捉老鼠，那就远不如一只小猫；木匠以干将这等宝剑劈柴，功用却不如一把斧头；撑船过河的功夫,我不如你船夫,论及替国君游说大小诸国的能力,你就不如我甘茂了!"

几句话,说得船夫无言以对,只好为甘茂摆渡过河。

甘茂的一席话,道出管理上的用人哲学。人各有长短优缺,用人之道首重取其长、补其短,使对方能够适才适用、尽其所能,这才是最好的人事管理。人事管理不只限于企业用人上,父母在培育子女时,能明白孩子的根器,依其特性教养,让他们走出适合自己的人生路;青年学子在选择科系时,不只考虑时下热门的科系,更该依着自己的兴趣与特质,才能行行都出状元。

不明此理者,硬叫猫看门,让狗抓老鼠,要武将谈治国之道,命文官领军卫国,都是放错位置,终究不能发挥各自的才长,圆满事情。

袁安之节

行事有因果，不将自身利益，建筑在别人的痛苦上，自然能够与人广结善缘。

袁安是东汉汝阳人，为人谨严持重，具有才德。有一年冬天，洛阳下起大雪，大雪积地丈余。洛阳县令出来巡视灾情，见到家家户户都在扫除积雪，出外求食谋生。唯独袁安家门前，积雪很厚，没有通路。县令以为袁安冻死家中，赶紧叫人扫除积雪，进门查看，才发现袁安僵卧在床。县令问他为何不出门求食，袁安回答："天下大雪，人人饥饿，实在不应再向他人求取饮食。"县令认为他很贤德，于是荐举为孝廉。

生死关头，袁安仍能保有"人饥己饥，人溺己溺"的精神，为人设想，无怪乎会为县令所赏识，被荐举为孝廉。袁安之节，不只洛阳县令深为赞叹，历朝诗人更以诗词留其节气，像是"借问袁安舍，翛然尚闭关"、"袁安困积雪,邈然不可干"、"风雪过门无入处,却投穷巷觅袁安"、"悲饥闭户,僵卧袁安我偏忆"、"其临窗有风,闭户多雪,自得陶潜之兴,仍秉袁安之节"等等。

生活中,我们也常会遇到利益当前的状况,是要不偷不盗、清廉为义,做一个有所坚持的人,还是要利益为先、作奸犯科,管它情义名节?

事实上,只要能够设身处地为人着想,就知道:人,应该有所为、有所不为。举凡好事、善事,虽力薄,也应尽力去做;贪赃枉法,有负因果之事,纵然利益万千,也不能有所动摇。

一个有同理心的人,能够处处为人设想,体谅、宽恕别人,给人因缘。行事有因果,不将自身利益,建筑在别人的痛苦上,自然能够与人广结善缘。反之,没有同理心的人,只会处处责怪、怨恨别人,不知反省自己,甚至自私自大,有我无人,终将遭人唾弃。

刮目相看

一个人能够认真下苦功，做出一番成效之后，不用四处宣扬，自然别人就会对你"刮目相看"。

吕蒙是三国时代东吴的重要将领，早年因为家境贫寒，没读过什么书，学识素养不佳，因此遭到一些官员看轻。有一天，吴国君主孙权对吕蒙说："你现在担任要职，掌管事务，不能不学习，应该多读点书，增加知识，开阔眼界。"吕蒙一听，连忙推说军务繁忙，没有时间学习。于是，孙权继续说道："我难道是要你去研究经典做博士吗？不过是希望你多阅读书籍罢了，能够了解历史上曾经发生过的事情。你说事务多，难道会比我更忙吗？我因为经常读书，所以从书本中获得很多的好处。"

经过孙权的这番劝告，吕蒙开始发奋学习。一段时间之后，吕蒙的学问增长不少。有一次，鲁肃经过浔阳，跟吕蒙一起讨论军国大事。吕蒙的学识和独到见解，让鲁肃大吃一惊,不禁说道:"你今日的才智谋略,已不是过去吴郡时的那个阿蒙了!"吕蒙回答:"士别三日,刮目相看,大哥怎么这么晚才明白这个道理啊!"

吕蒙的例子让我们深刻地了解到,一个人能够认真下苦功,做出一番成效之后,不用四处宣扬,自然别人就会对你"刮目相看"。反之,当我们在看待人时,也要警惕自己,不要老是拿过去的印象去评判别人,毕竟人是会成长改变的,自己不希望被人当作"吴下阿蒙",也不要如此轻易地看待别人!

晋陶母剪发待宾

父母亲教育子女，不只是教育子女知识，从生活细节中教导善恶是非，更能培养他们处事的道德观念。

西晋后期到东晋前期，是一个内忧外患、社会动荡的时代。晋代名将陶侃就是在这样战乱的时代中长大。

陶侃为鄱阳（今江西鄱阳）人，曾任荆州刺史、侍中、太尉等职。他一生清廉勤政，节俭持家，领兵从不居功自傲；为官时，奖励农桑，惩治贪官，所到之处深受民众爱戴。陶侃之所以培养出如此高风亮节的品格，归功于他的母亲湛氏从小给他的良好教育。

陶侃自小家境清贫，他的父亲陶丹是吴国的扬武将军，在陶侃年轻时就已经去世了。母亲望子成龙，日日辛勤纺织以所赚来的钱供他读书，抚养成人；也教导陶侃结交善友，以增长道德学问、品格与器量。

青年时期，陶侃曾任浔阳县的小官吏，监管鱼塘。

有一回,大众将腌鱼平均分掉,陶侃兴高采烈地将分到的腌鱼寄回家给母亲。湛氏非但未显喜色,反而原封不动将腌鱼退回,并附信责备:"现在你还只是一名小官,就公器私用,来日做大官,不知道会变成什么样的人?"陶侃谨记教诲,一生都不曾违犯。

在一次大雪纷飞的冬日,范逵到家徒四壁的陶侃家投宿,并带来众多的马车与家仆。清贫到沽不出一粒米的陶侃,生怕招待不周,在屋里来回踱步。母亲对陶侃说:"你尽管出去留住客人,让我来想办法。"

等陶侃走出去后,湛氏随即剪下长发,做成两股假发,换了几斛白米。又将屋中的木柱砍掉,劈成两半当柴火,把草席剁碎作为马的饲料。到了晚上,湛氏已备办好酒菜招待范逵,就连随从的仆人也无有缺乏。

事后,范逵得知事情原委,感叹道:"倘若没有湛氏这样的母亲,如何能成就陶侃这样有才德的儿子呢?"回到洛阳,范逵总会在一些名流面前称赞陶家母贤子孝的行谊。

一个人有没有成就,家庭教育是关键。父母亲的一言一行、一举一动,子女无不引以为仿效的对象,是好是坏,往往决定未来的前途与人格发展。

父母亲教育子女，不能光会说教，也应身体力行；不只是教育子女知识，从生活细节中教导善恶是非，更能培养他们处事的道德观念。陶侃的母亲在他还是小官时，见其行为有偏颇，立刻加以纠正，以防未来错误的言行根深蒂固；更是以身作则，宁可自己缩衣节食，也不使客人有所缺乏，所言所行影响陶侃后来为官的所作所为。

湛氏的晓以大义，让陶侃一生清廉勤政，为国为民。她为社会国家培育栋梁，影响的何止是千千万万人，对于后人，更是起了实质的模范作用。

郑羌义挺部将

怎么对待别人，决定了彼此的缘分，也表现了一个人生命的成熟度。

与人交往，有人以真，有人以诚，有人以慈，有人以德，有人以忠，有人以义，有人以利，有人以财……怎么对待别人，决定了彼此的缘分，也表现了一个人生命的成熟度。

前秦苻坚的重臣王猛，一次率领六万大军讨伐前燕。前燕太傅慕容评统领三十万大军屯兵潞州，与他对峙。

王猛派遣将军徐成去探察燕军虚实，并嘱咐在正午时分回营报告。然而徐成却归营误期，王猛为此要依军法将徐成斩首示众。

同郡大将郑羌为徐成求情，王猛却说："不斩首，军法的威严如何树立？"郑羌坚持："徐成是我的部将，虽然他逾期该斩,但我愿意与他一起作战,将功赎罪。"

不管郑羌如何求情,王猛仍然执意要斩徐成。郑羌怒气冲冲的回到兵营,擂战鼓集合部队,准备攻打王猛。王猛看郑羌刚勇、讲义气,就派人告诉他:"将军不要动武,我现在就赦免徐成。"

郑羌亲自向王猛道谢,王猛拉着他的手,笑说:"将军对部将尚且如此,何况对国家呢?"

郑羌义挺部将,而赢得王猛的信任、徐成的护持,因为他待人以义。中国古典文学《水浒传》、《三国演义》为世人喜爱,即是书中人物讲义气、顾情谊,让人感受到世间的温暖,也激起以善意对人、以义气待人的本性。因为每个人都向往善美、都希望对人好。

人的一生,如何过得有价值,过得坦然?

在朋友有难时,能义不容辞、全力相挺;闻急难贫困,能仗义疏财;为了公理正义,能仗义执言、大义凛然、慷慨赴义;对人对事,更是有情有义、义无反顾,自能让人欢喜亲近,赢得他人的敬重与信任。

自尊自重

人若不自尊自重,何能要求别人尊重呢?唯有懂得自重,才可免于受侮。

北周时期,有个尚书官员名叫长孙庆明,他年少时就举止庄重,为人正直,有着高尚的操守。即使平时处在家中,一举一动也很谨慎,都能合乎礼节,因此文帝非常敬重他,赐名为"俭"。

当时,荆州地区才刚归附,文帝派长孙俭前去统领。长孙俭担任统领十二州的都督后,发现荆州是个民风尚未开化的蛮荒地方,年轻人不懂得要尊敬侍奉长辈,他觉得应改善这样的陋习,于是辛勤教导民众孝悌之道,因而使当地民风得以转为良善。

后来,长孙俭当了尚书。有一次,他和群臣一起在皇帝身边陪侍,皇帝对大臣们说:"这位长孙尚书举止沉静文雅,我每次和他说话,总会肃然起敬,生怕自己有所失态。"

从长孙俭的事例，可以了解到：一个守礼端重的人，他的言行举止也是一种说法，能对身边的人起潜移默化的作用，并获得他人的尊重和认同。所以，我们想得到别人的敬重，一定要先庄重自己的行为，这就是"人必自尊，而后人尊之；人必自重，而后人重之"的道理。反之，"人必自侮，而后人侮之"，有时候会受人侮辱、轻视，就是因为不懂得自尊自重。

因此，我们的行为，一举一动要自重；讲话，一言一行要自重；处世，一事一物要自重；人生，一时一刻要自重。人若不自尊自重，何能要求别人尊重呢？唯有懂得自重，才可免于受侮。

突破人性的围墙

多一份用心，多一份慈悲，多一份善解人意的巧慧，
就能减少对立。

常有人怨叹：父母不关心我，师长不明白我，朋友
不了解我……静心想想，我们是不是忘了先把自己的心
门打开，主动去关怀别人呢？胡适之先生曾说："要怎么
收获，先怎么栽。"人我的情感亦复如是，凡事都有因缘，
要求别人关心了解，就得先回归己身，省思自己是不是
善解人意，懂不懂得给人温暖，知不知道尊重对方。

有一回，苏东坡用完晚膳后，心情愉快，又见月色清
明美好，于是决定散散步帮助消化，他邀请妻妾一同散
步。一路上，四个人赏月迎风，好不愉快。苏东坡一时
心血来潮，指着自己的肚子问道："你们且猜猜看，我这
肚子里装的都是些什么东西？"其中一个侍妾抢着回答
道："都是文章！"苏东坡摇摇头，不以为然。另一个侍妾

见状即刻接着说："满腹都是识见。"苏东坡还是摇摇头，不表满意。最后，他最宠爱的朝云笑着说："学士一肚子不合时宜。"话语一出，让苏东坡不禁捧腹，大笑不已！

善解人意，是与人相处融洽应有的思想方法。现代人的生活模式及社会整体的价值观念，造成人与人之间普遍的疏离，相互冷淡，缺乏温暖的对待、体贴的心意。这个现象，是未来人类共生共存的一大危机。

该如何突破这一面人性的围墙呢？要多一份用心，多一份慈悲，多一份善解人意的巧慧。亲属之间、朋友之间、夫妻之间，乃至主管与部属之间，能够时时体察对方的心境，适时给予一些振奋、鼓励、安慰、温暖、包容、尊重，就能减少对立，融化淡漠，让彼此的情感绵绵不绝。

待客之道

　　赵州禅师德高望重，赵王非常尊敬禅师。有一天，赵王亲自上山来参见禅师，赵州禅师不但没有出门迎接，反而睡在床上不起来，禅师对赵王说："对不起！出家人素食，力气不足，加之我年老了，所以才睡在床上见您！"赵王听了不但毫无愠色，反而更加恭敬，觉得禅师是一位慈祥的长老。回去之后，为了表达内心的敬仰，马上派遣一位将军送礼给禅师。

　　禅师听到将军送礼物来了，赶忙披袈裟到门口去迎接，徒弟们看到禅师的行径感到莫名其妙，就问道："刚才赵王来，师父睡在床上不迎接，他的部下来了，反而到门口去迎接，这是什么道理呢？"

　　"你们有所不知，我接待上等宾客是躺在床上，用本来面目和他相见；次一等的客人，我就坐起来接见，以宾主相见之礼待他,到客堂奉茶招待;对待更次等的客人时,我要到山门外去迎接他,用世间俗套出门来迎接啊!"

曾经,苏东坡自以为了解禅的妙趣,认为佛印禅师应该以最上乘的礼来接他。却看到佛印禅师跑出寺门来迎接,终于抓住取笑禅师的机会,说道:"你的道行没有赵州禅师高远,你的境界没有赵州禅师洒脱,我叫你不要来接我,你却不免俗套跑了大老远的路来迎接我。"

苏东坡以为禅师这回必然屈居下风无疑了,而禅师却回答一首偈子说:

赵州当日少谦光,不出山门迎赵王。
争似金山无量相,大千都是一禅床。

佛印禅师认为,赵州不起床接赵王,是因为赵州不谦虚,而非境界高;而我佛印出门来迎接你,你以为我真起床了吗?大千世界都是我的禅床,虽然你看到我起床出来迎接你,事实上,我仍然躺在大千禅床上睡觉呢!你苏东坡所知道的只是肉眼所见的有形的床,而我佛印的床是尽虚空、遍法界的大广床啊!

赵州禅师把客人分成三等,我们做的是哪一等人?世俗排场的逢迎,就表示我们身份的高贵吗? 以本来面目相见,也许才能真正见到金山的无量光相,遨游在三千大千世界的禅床。

佛光茶

一点心意,能够传递给每一个人,让人人心中都有暖意,都有佛。

盛唐时,禅门僧侣饮茶成风,到了宋代更演变成为丛林的制度,甚至日僧最澄、空海、荣西大师到中国求法,也将禅林饮茶的方法引入日本。禅门中有所谓"赵州茶",这是指什么呢?原来是过去有学人来参访赵州禅师,一见面禅师就问:"曾到此间么?"

学人回答:"曾到。"

禅师说:"吃茶去。"

不久,又来一个学人,禅师就问:"曾到此间么?"

学人回答:"未曾到。"

禅师还是说:"吃茶去。"

一句"吃茶去"就是赵州传道最好的话语,吃茶的人多了,赵州的禅法也就能广布。

我想，佛光山是大众群策群力共同成就的，我应该如何感谢大家呢？几番思量后，我决定在大雄宝殿东单的东禅楼一楼，靠近接引大佛的龙亭里，设置"佛光茶"，平时有专人供应茶水，以供十方大众饮用。多年来，"佛光茶"不但为万千信徒称道，乃至韩国《佛光》月刊顶宇法师也曾撰文推荐佛光山的"佛光茶"。

　　一杯"佛光茶"，有着众多信徒的发心；一杯"佛光茶"，传达了我们对十方大众的感谢；一杯"佛光茶"，含藏着浓浓的人情味；一杯"佛光茶"，更代表了佛祖的心意。

　　希望这一点心意，能够传递给每一个人，让人人心中都有暖意，都有佛。

治家之道

口说千言万言,还不如从自己做起。

如何服人?要以身作则,所谓"上为之,下效之"在上位的人行得正、做得好,还怕下面的人邪曲,任意胡为吗?

如何领导人?要躬身实践。倘若规矩、道德说得口沫横飞,表现出来的行为却难以教人敬重,要不都是"只准州官放火,不许百姓点灯",又该如何领众?

要能取信于人、让人折服,需以"同事"摄之。口说千言万言,还不如从自己做起;订定出堆积如山高的规矩,更是要从自身落实起。宋朝谏议大夫陈省华,在这方面便做得让人佩服。

陈省华有三个儿子,长子尧叟当了宰相,二子尧咨及三子尧佐也在当朝为官,一家都非常显贵。纵使身处高位,一家显赫,陈省华仍要妻子每天带着儿媳妇下厨做饭,他的治家信条是:官职越高越要严以律己,才能取信于民。

大儿媳常向丈夫尧叟诉苦:"你当宰相,我是宰相夫人,为什么还要天天下厨房?可不可以请父亲免了这条规矩。"尧叟总是摇头不语,大儿媳只好回娘家哭诉。

有一天,马尚亮在上朝途中遇见陈省华,试图为女儿说情:"亲家,我女儿从小没下过厨房,你就别让她天天做饭,更何况她现在是宰相夫人!"陈省华不悦地说道:"谁让她一个人做全家的饭?她只是跟着我那笨拙的妻子在厨房打杂,她连打杂也不做,难道让她婆婆自己做吗?"马尚亮听说做饭的人是陈省华的妻子,很是感动:"亲家,这就是我的不是了,小女就烦您多多教育吧。"

陈省华的恭谨、严己,马尚亮的明理,实为最佳的领导之道。

鹦鹉的心声

以感同身受的心为对方设想,体会一下对方的心境,自能生起慈悲爱护心,拉近彼此的距离。

常有人说,人是复杂的动物,更有人叹,做人难、难做人,所以是是非非漫天飞,人际关系弄得一个人焦头烂额。有心人因而猛读处世学、辩才学,上厚黑学,补交际学。透析了人性,明白送往迎来之道,真能把人间修得圆满吗?

宋朝时江苏一带有一个段姓富商,养了一只原产于甘肃的鹦鹉,鹦鹉很聪明,不但会说话,还会背诵李白的诗,每当有客人来访时,它都会叫仆人倒茶。鹦鹉聪明灵巧、善解人意,很得主人的宠爱。

有一次,富商因罪入狱半年,一回到家就迫不及待的对鹦鹉说:"这半年来,我被关在牢里,日夜都在思念你。你还好吗?"

鹦鹉叹了一口气，说："你在牢里待了半年就受不了，我在笼子里已经多少年了，你知道吗？"

富商听了感触颇深，第二天就专程准备马车，将鹦鹉送到甘肃边界，将它放生了。

在待人处事上，"同理心"是很重要的，凡事只考虑到自己的立场、利益、想法、感受的人，是很难走出自我的框框，迎向大众，受人喜爱的。如同故事中的富商，一心一意想到的只是自己的喜好，却不懂得体恤鹦鹉的处境，只有亲身经历过，才能深切感受到鹦鹉囚身于鸟笼的痛苦。

无论在助人、交友、教育子女、与人沟通和协调各方面，不妨试着人我互换，以感同身受的心为对方设想，体会一下对方的心境，自能生起慈悲爱护心，拉近彼此的距离，增进相互的信任感，让人事达到圆满与和谐！

无言的身教

身教重于言教,是教育相当重要的态度与观念。

几十年前,一个留着平头的初中生——林清志,来到宜兰雷音寺的学生会学习佛法。由于个性主动活跃,高中时,他当上学生会的会长,经常跟随我到乡下布教。服役后,他有心报考大学,充实学问,我嘉其志,在雷音寺安排房舍,让他能安心念书。他果然不负众望,考上师范大学。毕业以后,在我创办的智光工商学校任教,帮我分担创校的艰辛。后来又在宜兰教书,课余时,常至各地监狱布教。

在台北普门寺青年会时,他认识了一位在小学教书的林秀美老师,双方家长都有意促成他们的姻缘,我也本着"天下有情人终成眷属"的心愿,玉成其事。白六七年以前开始,他们每个月都汇给我台币三千元,尽管我从来没有给他们通过一次电话或只纸片字以为道谢,然而供养金未曾中断。现在他们的子女都已经在大学研究所获得学位，并且成家立业，一门贤孝，闻名乡里，我深信这与他们自然流露的身教有着密切的关系。

夫妇二人对师父的孝顺长远不变，实在不容易，对他们的儿女来说也是一种无言的身教。做父母的慈悲、正直、正义，对人无私、友爱，在儿女的眼中，看得清清楚楚，小孩子从小看在眼里、放在心里，潜移默化，将来成为他们做人处事的准则。因此，身教重于言教，是教育相当重要的态度与观念。

眼见现在的社会，资讯的发达可谓日行千里，物质的丰厚更不在话下，孩子生得少也成为现代新趋势，因而养成孩子骄纵、奢华、脆弱、盲目的心理与性格，缺乏思考，失却独立性，他们未来的发展怎么不教人担忧呢？

以致父母亲的教育便显得格外重要了。若能在孩童时期便创造一个正确、优质的成长环境，让孩子从小养成良好的性格，成长过程中更不忘从旁辅导，在物质的给予之外，更注重精神的建立、开导，让他们具备挑战未来的勇气与能力，让他们能够处理任何一个变化与挫折。我想，这个责任与成果不但是一个家庭的，更是全社会、全人类的。

道士的挂单

万千世界本来就是多彩缤纷的。

出家人从一个寺院要到另一个寺院居住,必须经过一道手续,在佛门称作"挂单"。挂单就好像住进旅馆,必须要登记一样,出家人到寺院居住也必须向该寺院挂单。

过去,在大陆所谓的"丛林寺院"不是任由人随便挂单的,就是出家人去挂单也要持有戒牒。挂单时,该寺负责人会问:从哪里来?哪一个寺院出身的?师父是谁?云游参学为的什么?来此挂单要多久?

除了出家人挂单外,丛林里面还准许两种人挂单,一个是剃头师,寺院对他们也是以礼招待的;另一个就是道士,过去在大陆寺庙比较多,道观较少。道士们参学在外,找不到道观挂单,他就到佛教寺院挂单。佛教寺院也因此定出一套道士挂单的规则,十分礼遇,甚至比出家人还要优厚。

我自己也曾接受过道士的挂单，也和道士同学一起读书，因为当时道教没有道学院，有些师父会将小道士送到我们佛学院来念书。虽然彼此的宗教信仰不同，但是无论是学习方面，还是生活上，都相处融洽、和谐，不会因为宗教不同而起争执、吵闹。

从古至今，宗教的融合都是非常重要的观念，其重要性并没有时空、种族、国家、地域的分别。宗教之间，虽然信仰的教主不一样，就像是人人都有父亲，毫无冲突的。

各个宗教虽然教义不同，也无须争执、批判，就像是文学、科学、医学、化学，各有学问，各有味道，不一定要完全一致，万千世界本来就是多彩缤纷的。但是教徒之间应该相互来往、交流，互敬友好，彼此尊重，实际发挥宗教徒应有的真、善、美，才真正彰显出宗教在社会上的角色及价值。

我只看到新台币

不可好大喜功，过分地求功贪劳，当以给大众方便为要。

多年以前，佛光山在淡水、石门的山上设立一个分院——北海道场。自从北海道场落成后，吸引很多信徒、游客上山。因为台北市车水马龙、人口拥挤，一到假日大家就想到山区踏青，呼吸新鲜空气、观赏美丽风景，而北海道场正是个海天一色、风景优美的好地方。

但是最大的问题就是上山的道路，一部分是共有道路，只开放小小的人行道，车子根本无法上山。考虑信徒、游客交通的方便，我们把路面稍微拓宽一点，当地居民竟然又将路改小。没有办法，就只好重买另外一座山，再做一条几十米宽，相当于四车道的大路，便可以直上北海道场。

当时佛光山常住经费吃紧，只得贷款造路。在路快要完工时，徒众要我去看一看。看到工地上有七八辆卡车如火如荼地进行造路工程，十分壮观。许多年轻的徒众很自负地对我说："师父，你看！"意思就是要我看他们的成绩。我只回答："我没有看到什么，只看到新台币。"他们听到我的话，一个个都愣住了。

寺院的净财皆来自十方，点滴使用都要节省。虽然我在全世界创建许多道场，都是迎合大众的需要，一点一滴建造起来。倘若要我建造宏伟气派的寺院，像皇宫那般巍峨堂皇，我实在不敢。

只希望年轻的徒众听到我一句"我只看到新台币"，能够明白无论从事任何佛教事业，都不可好大喜功，过分地求功贪劳，当以给大众方便为要，在新台币之外，看到来自十方，默默付出的信施心意。

做一个共生的地球人

所谓"推己及人"就是要时时把众生念在心中,放在眼里,关怀一切。

一九九五年四月底,我住院开刀,因为恐怕大家担心,所以一直不敢对外宣布,但是消息还是走漏了。承蒙大家爱护,开刀后不断有人来访、来电,关怀我的病情。为了答谢大家的眷顾,六月十九日,我在台北阳明山中山楼举办"恳谈会",借此也让爱护我的人放心。

在教育部门任职的郑石岩教授应邀致辞时,说了一段禅宗公案:

洞山良价禅师卧病在床时,弟子曹山本寂禅师前往探望,他问道:"老师身体有病,不知是否还有不病之体?"

洞山禅师说:"有。"

曹山禅师再问:"不病之体是否看得见老师呢?"

洞山禅师回答:"是我在看他。"

曹山禅师不解，问道："不知老师看到了什么？"

洞山禅师说："当我看的时候，看不到有病。"

郑教授说完，回过头来，问我："师父！不知您在病中看到了什么？"

我回答："我看到了大家。"台下一片如雷的掌声响起，久久不散。

做事时，如果只想到自己的利益，就会犯上自私的毛病。所谓"推己及人"就是要时时把众生念在心中，放在眼里，关怀一切。我自小生长在佛门，从僧团里培养出了大众的性格，深知这个世界并非我个人，是属于大众所有，我提倡"同体共生"的理念，即是宇宙万物皆为众缘合和，彼此共生共存。

例如：南美巴西拥有的广大森林资源，具有调节地球气温的作用。虽然这在巴西境内只是一个定点，却影响到整个地球的环境和人类的存亡。由此可知无论是人与人之间，乃至和地球宇宙间，都是环环相扣，息息相关，牵一发而动全身，绝无只顾一己存亡，罔顾他人死活，就能够生存下去的道理。

永恒的生存，必得扩大胸襟，相互包容，彼此尊重，做一个共生的地球人。

乘公共汽车记

从以助人为乐的风范中，我们明白，生命原来可以如此丰富。

在台湾居住的民众，大多都有乘坐公共汽车的经验。多年前不时有人批评售票员小姐的晚娘面孔、言语严厉，司机先生无情无义、不和善的态度，无不让乘客坐得胆战心惊。民众对公共汽车的服务质量多有意见，批评的声浪亦是此起彼落。

这几年来，台湾各地公共汽车的服务水准已有相当的进步，但相较于日本仍有许多进步的空间。就拿我在日本搭乘公共汽车的经验来说：

那时，刚抵达东京火车站，我们赶着到某地赴约，急急忙忙上了一辆公共汽车，司机问明我们去的地方以后，说道："这辆车子不到那儿，你们必须拐个弯……"

我们初到日本，人生地不熟，要我们绕几个弯，走几条街,说来是有些困难,但也不好意思说什么,只得道谢下车。司机先生大概看到我们一脸难色,竟然对着全车的人说:"抱歉!我必须带这几位外国朋友到另一个地方搭车,请各位等一等。"

说罢抽出钥匙,跳下车,领着我们走了五分钟的路,到另外一个车站。

几年以后,我再度赴日弘法,一位年轻的日本人一看到我,就亲切地打招呼,说道:"您可能不认识我,但是我认识您。记得吗,数年前一位司机曾经停下公车,专门为您带路,我就是那辆车子的乘客。"

"啊,真是对不起!让大家为我久等。"我赧然以对。

"不,千万不要这么说!敝国深受佛教文化影响,佛法里所说的随喜结缘,我们都落实在生活上。您可知道,当司机再度上车时,全车的人都报以热烈的掌声呢!"

日本人的友善、服务的精神,令人难以忘怀。他们将"助人为快乐之本"的理念,化作自身的血肉,对待所有与其有缘的众生,自然而毫不造作。从他们以助人为乐的风范中,我们明白,生命原来可以如此丰富。

特殊教育的意义

在人生的跑道上,我们要赢在终点,而不是起点。

大约在三十年前,有一个从乡村来的小孩,已经是小学三年级,但是连自己的名字也不会写,学校教育放弃了他,父母迫于无奈,把他送到佛光山,抱着最后一线希望,也许寺庙的教育可以启发他的聪明。

孩子到了山上做沙弥,还是必须接受基础教育。他在山下的学校,每天都给老师打,我看着孩子红肿的双手,实在心疼,担忧小孩子天天挨打,会被打到没有自尊,会被打到人格残废,于是,我决定把他留在山上自己教好了。

那个时候,还没有正式成立沙弥学园,只好把他送到佛学院去。佛学院是大学课程,十多岁的孩子,当然听不懂,所以每课必睡。有一天,一位耿直的方伦老师对我说:"如果你不让那个小孩离开教室,我就不替你教书了。今天我上了六堂课，他睡了六堂课，真是岂有此理！"我请求拜托他："老师，你多谅解，这十多岁的孩子听你讲说佛法，即使乖乖坐在那里睡觉，也是怀着一份清净心入睡，你发慈悲给他种下一些菩提芽苗的因缘吧！"方伦老师听完我一席话，才鸣金收兵，收回他的抗议书。

这个小孩，连名字也不会写，更谈不上读书识字。我想，寓教于乐，从游戏中也能开发智慧，于是每天傍晚我都带着他打篮球。刚开始他连接球都害怕，渐渐地，他敢拍动球身，来来回回地跑着。有一天黄昏，他拍动球的速度更快更有力，他跃身而起，抢走我手里的篮球，为自己投进一记漂亮的空心篮。

东山的夕阳，晕染了整个大地，橙金艳紫的粼粼波光，映着孩子的瞳眸，清澈如潭。我知道，他已经跨过自己生命的幽谷，消融冰封的大雪，从此春日融融，夭夭繁华任他采撷。

他从球场上重拾了信心。十七岁时，报纸刊登了他的第一篇文章。山上的水电工程，遇到困难时，技师都要请他指导。他能在十分钟内煮二百斤的饭，供应千人用餐。他并不是神迹的显现，只是比别人慢一点开智慧，大人只要不那么着急，用耐心和方法，一定能诱导出孩子的潜在才能。社会上鼓吹："不要让孩子输在起跑线上。"因此每个父母拼命要孩子学电脑、舞蹈、音乐、心算等技艺。但我认为起跑线没有那么重要，因为在人生的跑道上，我们要赢在终点，而不是起点。

异国信徒

切莫忽视一段小际遇，或许它将汇聚成未来一段非凡的善因好缘。

十多年前在韩国首尔机场，远远走来一个小女孩，在母亲的陪同下，向我合掌问讯。由于语言不通，再加上离登机时间无多，所以只好留下佛光山的地址、电话给她，便匆匆道别。

返台后不久，我接到她的来信，通过当时就读成功大学的李仁玉小姐翻译，我知道她的名字叫金贞希，在初中就读，从字里行间，可以看出她是个天资聪颖，颇具慧根的女孩子。此后我们鱼雁传书，往返不断。每年她的母亲前来台湾，她一定央求母亲带礼物给我；偶尔碰上学校放假，她一定与母亲相偕来看我，虽然大家以比手画脚来代替谈话，却无碍彼此的沟通。一眨眼，十年过去了，她已经是亭亭玉立的大学生了，因为仰慕中国文化,常常利用寒假期间只身来台,在师范大学学中文。我特地安排她住在台北普门寺,并且请住众照料她生活事宜。

每当有人问起她来台学习中文的动机,她总是答道:"这样才能和星云大师无碍的沟通啊!"她的用心很令人感动。

许多人说我"老少皆宜",其实我只是对任何一个众生都平等看待,即使是言语不通的小孩子,我都愿意和他成为朋友。

当初的一个合掌,一张名片,竟酝酿成如此殊胜的因缘。因此,切莫忽视一段小际遇,或许它将汇聚成未来一段非凡的善因好缘。

满地跑

祈望自然界的生物，各有所归，各有去处，拥有它们真正的幸福。

我住的开山寮，因为邻近有一些树木，时常有各种飞禽结巢，或是松鼠在林间跳跃追逐，我只是静静地欢迎这些好朋友，不给他们任何的干扰。

有一天，我的侍者在地上看到一只从树上掉下来的小松鼠，眼睛还没有睁开，那么羸弱幼小的身躯，落在野地上是没有生存机会的。于是侍者把它带回开山寮，试着喂牛奶给它喝，幸好它适应力强，吸着牛奶，也津津有味。

喝牛奶的小松鼠，睁开眼睛时，见到的不是松鼠妈妈，是我这个和尚，它天真地以为我是它的妈妈，于是跟前跟后地在我身边磨蹭着。松鼠不在树上攀爬奔跑，而是在人类的屋子里满地爬，真是天下一大奇观。

几个月以后，小松鼠增加到六只，我按照它们来到的先后，给它们取名字，满地一号、满地二号、满地三号……喝牛奶长大的松鼠，个个身躯丰满光亮。有时候会顽皮地咬着拖鞋，和人玩捉迷藏。

后来我看着满地跑的松鼠，忽然省悟到，过去我的徒弟养狗、养九官鸟，我曾经怪他，寺庙又不是动物园，不应该饲养这许多动物。我养这些小松鼠，只能救它们一时，不能照顾它们一生，它们应该回到原来的家。

我决定要把满地一号到六号，回归树林的怀抱。我每天早上训练它们，把它们放在树上，躲在一旁观察。起先它们全身发抖，以为我要弃它们而去，个个发出悲鸣的声音，我只得狠下心肠，任它们畏缩在树上。

一星期，我徒劳无功，它们总是想办法跑回开山寮。于是我检讨失败的原因，可能它们没有模仿的对象。它们一出生到现在，都在地面和人类生活，树上的一切，对它们是完全陌生的，难怪它们会有恐惧的情结。我挑选了几棵松鼠时常驻足的树木，把满地它们送上树，果然树上的同伴看到它们，好奇的趋近，彼此咕咕哝哝的交谈。它们有了模仿学习的对象。几天后，终于学会了"轻功"，在两棵树之间飞腾跳跃，模样像个骄傲的奥运金牌得主。

　　满地跑的松鼠，终于恢复了原始的本性，重回山林，过着松鼠的山居岁月。偶尔它们也会回来看看我们，一段时间过后，它们已不再叩问我的大门，然而我却感到无比的欢喜，祈望自然界的生物，各有所归，各有去处，拥有它们真正的幸福。

　　自然的大地孕育所有的众生，人类也只是其中之一，应该爱护珍惜它们。我提倡的"同体共生"，就是要打破人类"唯我独尊"的狭观念，对所有大地众生，自然生态，像自己身上的血肉，不忍有半分伤害。

护航

> 每一个人都是宝贝,都是大器,都应当善加雕琢,给予爱护。

佛光山开山后,六年一任的住持职务,我一共担任了三任。在这十八年的住持生活外,又兼佛教学院的院长。

在做院长的期间,有时写文章到深夜,便起身巡视院区,发现三两同学偷偷在佛龛的油灯下"开夜车",有的藏在楼梯角落写功课,有的躲在大殿暗处拜佛。佛学院院规规定:夜晚十时"开大静"以后必须就寝,老师为爱护学生的身体,维护学院的院规,常常"煞风景"地把他们赶回去睡觉。我看着他们,回想过去自己不也经常如此,不禁哑然失笑,"真是自古皆然,哪个学生没有开过'夜车'?"

因深恐巡寮的老师会干扰他们,让他们顺利"开夜车"，我就在佛殿的外面跑香，为他们护航，偶尔也将信徒结缘的饼干、水果与他们分享，生怕他们心有挂碍，我说："大家慢慢吃，保重身体！"几次下来，学生便不再"开夜车"了。

身为一个教育者，对于学生所言所行要懂深观因缘本末，不应全是责备、反对、否定，以维护孩子的尊严、考虑孩子的立场为要。应该学习禅门祖师教育法：仙崖禅师对夜游沙弥，不以呵斥责骂，反以慰问体恤的言语与心情教育；良宽禅师对外甥的放荡，不指责他的过错，只以人生无常的道理教导；金代禅师对于弟子的过失，不以为怒，却说："不是为了生气种兰花。"禅门祖师的教育包藏着智慧与宽容，他们认为每一个人都是宝贝，都是大器，都应当善加雕琢，给予爱护。

给学生一些方便，学生反而感念你万分，愿意跟你合作，尽心做到让你满意为止。如同我替这些"开夜车"的学生护航，不也能收到很大的效果吗？

普门

每一个人都需要一道门可以来来去去。

"普门"意指佛菩萨广开无量门,示现种种方便,普度众生。

曾有许多人问我:"为什么佛光山有这么多的佛教事业,都是以'普门'为名?"这句话往往将我的思绪带回四十多年以前……

一九四九年,我初来台湾时,曾经度过一段三餐不继、颠沛流离的日子。记得在南昌路某寺,曾被一位长老责问:"你有什么资格跑来台湾?"到了中正路某寺挂单,也遭拒绝。因夜幕低垂,我只有紧紧裹着被雨水淋湿的衣服,在大钟下躲雨露宿。第二天中午时分,在善导寺斋堂里,看见一张八人座的圆形饭桌,围坐了十五六个人,我只有知趣地默然离去。

在走投无路下,我想到或许可以到基隆某寺去找过去的同学,当我拖着疲惫冰冷的身躯,冒着寒风细雨,走了半天的路程,好不容易到达山门时,已是下午一点多钟。寺里的同学听说我粒米未进已达一天之久,赶紧请我去厨房吃饭,可是就在这时,旁边另外一个同道说话了:"某法师交待:我们自身难保,还是请他另外设法好了!"当我正想离开之际,同学叫我等一等,他自己拿钱出来买了两斤米,煮了一锅稀饭给我吃,记得当时捧着饭碗的双手已经饿得不停颤抖。向同学道谢以后,在凄风苦雨中,我又踏上另一段不知所止的路程。

由于这段刻骨铭心的经验,我当时立下誓愿:日后我一定要普门大开,广接来者。二十年以后,我实现了愿望,先后在台北成立"普门精舍"、"普门寺",教导所有的徒众都必须善待信徒香客,让大家满载欢喜而归。直到现在,佛光山的各个分院仍然保持一项不成文的规定:每一餐多设两桌流水席,方便来者用斋,对于前来挂单的出家人,则一律供养五百元车资。

此外,我又在佛光山开办中学、幼儿园,乃至佛教杂志期刊,都是以"普门"为名,凡此都是取其"普门示现"的意义,希望徒众都能效法"普门大士"的精神,接引广大的众生。

我认为，每一个人都需要一道门可以来来去去。过去，高官厚禄的宅第，门禁森严，常人是无法进去；一道门就把人给隔开了，让那些悲苦冤屈的百姓，不得其门而入。宅第、衙门的冷漠，不如观世音菩萨慈悲为众，她走进每一户人家，走入每一个人心中，因此有谓"家家弥陀佛，户户观世音"的称誉。

　　如果，每一个人都能像观世音菩萨普门大开，让一切众生走到我们的心里来，那该是多么美好的世界。

人我互调，

以感同身受的心为对方设想，

自能生起慈悲爱护心，

拉近彼此的距离，

增进相互的信任感，

让人事达到圆满与和谐！

天堂、地狱在哪里？

真正的天堂、

地狱就在我们的心里。

爱的推广，
对这个世界是很重要的，
从人到一切众生，
其生命都值得我们爱护与尊重！

扩大胸襟，

相互包容，

彼此尊重，

做一个共生的地球人。

义工的义工

当我们要别人来做义工，自己必须先做义工的义工。

朱家骏原本是军队里的通讯官，为宜兰编辑刊物时，我发现他优异的编辑才华，便请他为我编辑《今日佛教》与《觉世》旬刊。由于他的版面设计新颖，标题引人入胜，突破陈年窠臼，因此被《幼狮》杂志网罗，发挥他的才干，在当时台湾的杂志界，可说无有出其右者，对于编辑艺术的改进有卓著影响。

记得他每次到雷音寺为我编辑杂志时，我总是预先将浆糊、剪刀、文具、稿纸等准备妥当，井井有条地放在书桌上，甚至晚上睡觉的枕头、被单，也都是新洗、新烫，干净整齐地叠在床铺上面。他经常工作到深更半夜，我都在一旁陪伴，并且为他下面、泡牛奶，准备点心。他常对我说："师父，您先去休息吧！"我还是坚持等他完工，才放心回寮。遇有寒流来袭,我怕他着凉,每次都将自己仅有的一床毛毯拿给他盖,心甘情愿地做义工的义工。为此,他深受感动,因而无怨无悔的付出,几乎每十天就要从宜兰到台北来做一次义工。

记得当年有些人知道我对他如此关爱,惊讶地问我:"您是师父,怎么倒像侍者一样对待弟子呢?"我答道:"他如此卖力地为佛教奉献所长,对于这样的弟子,我怎么能不做一个慈悲的师父呢?"

当我们要别人来做义工,自己必须先做义工的义工,要为义工服务。一个义工来了,他有没有进入情况,他知不知道怎么样进行工作,甚至饮食、交通、休息等等,我们都要帮他解决,为他考量。曾有人问我:"为什么大家都喜欢为你做事呢?"我想这是因为我从不高高在上,发号施令,总是先做"义工的义工"。

在这个时代里,大家都应该是平等、互信、互爱、互敬的,没有谁可以说你应该为我服务,就算是义工,我们也不能平白榨取他的时间和劳力。今日社会上仍有许多善心人士,发心做义工,服务大家,我们也应该懂得回馈,发愿做义工的义工;唯有懂得做义工的义工,社会才能拥有更多的义工。

请你试用我

让我们走出家庭的边界,每一个青年都是我们的孩子,都担负着世界发展的使命。

曾经,有一个信徒的孩子请我帮他介绍工作。那时人浮于事,找一个工作十分不容易。然而对于信徒的孩子,总想助一臂之力,虽然我并不清楚他的耐力、恒心、做事的态度如何。

千辛万苦,终于替他找到一份工作。我欢欢喜喜地赶紧通知他,希望他也能够同沾欣喜。未料,得到的响应竟是他已经在别处就职了。我想,真是糟糕,白忙一场不打紧,对人失去信用就真叫人遗憾了。由此,再有人请我介绍工作,我便告诉他一个办法:"求职时要注意自己的仪表和诚意,将自己的专长、学历等交待清楚,并主动表明让老板试用三个月。三个月后,如果觉得适合就正式雇用,如果觉得不适用,自己会离开。"

我认为，让他们自己去尝试，给自己机会，无论输赢得失，无论喜怒高下，全心全意面对，未来总会有无限生机的。

遍观时下，不论媒体、教育，或是社会环境、风气，能给年轻人的，尽是八卦、犯罪、物质享乐等，鲜有培养年轻人迎接未来的动力与积极性的观念。当国际上都在为企业、国家、世界的发展，或者积极培养，或者蓄势待发，或者全力以赴时，我们可否想到，也为下一代贡献一些作为，打造一个优良的环境，以面对来自世界各地的挑战呢？

让我们走出家庭的边界，每一个青年都是我们的孩子，都担负着世界发展的使命。祈望大家能以菩萨的胸怀"乐爱悲者，能爱一切众生"，爱护每一个孩子，给予他们更多的希望。

白雪溜冰团

有时候能给人一点方便，给人一些助缘，不要只是
打官腔、一板一眼，一点弹性也无。

大概在三十多年前，美国的白雪溜冰团来台表演，
当时在台湾这个热带地方，能够看到这么多表演者在雪
白的冰上溜冰，感觉很是稀奇。"想到电视里溜冰者的
美妙姿势，如果我可以亲临现场，一睹真实的情况，那该
多好！"许多人就抱持着这样的想法，期待美梦成真。因
此还没到高雄表演，就已经轰动整个高雄地区，甚至距
离高雄市三十公里外的佛光山，都受到了影响。

一天，佛学院有一个学生跟我说："院长，我想请假
到高雄看白雪溜冰团，可是老师、训导处都不答应。如
果不能去看，我一生都会感到遗憾，会不安心的。"

听她这么说，我想：一个人如果不安心，以后要她
在这里读书，是很难安住的。可是一旦准许佛教学院的

学生去看白雪溜冰团,将产生很大的问题,但是总要有个方便。

于是,我拿了二百块钱给她,并说:"你替我到书店买个文具,然后在高雄玩一玩,时间差不多了,就早一点回来,回来以后什么话都不要说。你可以跟训导处说,院长要我替他买东西。"

当然她心中也有数,就去替我买东西,也看了白雪溜冰团。回来后,觉得满了愿,心中无比欢喜,而我也没有说准她去看溜冰团。往后,她在佛教学院里一直很安住、很温纯,再也没有其他妄想、要求。

我想:每个人都会有需求与希望,强制不让她去,后果必定不圆满;即便给她去了,也不是什么坏事。所谓"君子成人之美",有时候能给人一点方便,给人一些助缘,不要只是打官腔、一板一眼,一点弹性也无。在"可以"、"能够"的想法下,给人一些方便,不是很好吗?

老吾老以及人之老

乐爱悲者,能爱一切众生;爱一切众生即是爱己。

　　一九九三年七月中旬,我到俄罗斯的莫斯科成立佛光会,正逢该国通货膨胀,物价飞涨得令人难以置信。以大学教授而言,每月薪资十一美元,一大早赶去排队买面包,排上三四个小时,只能买到配给的分量。

　　很感谢莫斯科佛光会会长为我安排一位北京大学毕业,懂中国话的保尔教授当导游。保尔教授非常尽忠职守,总是寸步不离地紧跟在我身边。有一次,我于某处离队,急着返回饭店赴约。在五个小时的车程里,我们彼此交谈得十分愉快。即将到达饭店时,我想到他连日来随着我辛苦奔波,心中十分过意不去,于是说道:"回饭店以后,我没有什么特别的事了,你早点儿回家休息吧!"

　　保尔坚持:"照顾您是我的责任,只需让我离开一小时回家，看望中风瘫痪在床的父亲即可。"

念及一位孝子在物质贫乏的国度里，还需要照顾重病的父亲，实在令人心酸，我立刻掏出六百美元给他，保尔久久说不出话来，可以看得出他既激动又高兴。对我来说，这也是我莫斯科之行中，感觉最愉快的一天。

《大丈夫论》有句话说得透彻："乐爱悲者，能爱一切众生；爱一切众生即是爱己。"所谓喜舍布施，强调的是自他皆欢喜，从"舍己"、"给人"当中体会出人我互动的真义，生命存在的价值。

生活中，事事都能以"老吾老以及人之老"的精神服务他人，相信我们的人生将因此愈加成熟、宽阔。

要看未来的希望

但愿众生得离苦，不为自己求安乐。

当年，我在高雄县开创佛光山，当时有许多的徒众跟着我开天辟地，创造佛光山的历史。其中，有的人默默耕耘，不计劳苦；也有少数人沾沾自喜，总觉得自己的付出很了不起。

曾经有人问我："佛光山的人众日益增多，道场也扩展到五大洲，为此，您有何感想呢？"我淡然地回说："我没有看到自己拥有，只看到未来的希望。"

有的时候，建起一座平台，就想到如果信徒来山，可以在这平台上散步；铺上一条道路，就觉得信徒走在路上能感到舒适；建好一座凉亭，心想往后信徒皆能在凉亭里休憩、纳凉；盖了一栋房子，便想着如何让这栋房子为信徒所用。佛光山一切的建设都是为信徒、为大众的考虑而建成，从不考虑个人、私己的享受。

现代人欢喜参禅打坐，因此，佛光山建有八间禅堂，让有心人士有个参禅修行的场所。假如禅堂只是为我个人设立，又哪里会需要建到八间呢？佛光山的会客室也超过三十间之多，事实上哪有这么多客人需要会见呢？只因信徒皆是佛祖的客人，需要有个休息的地方。另辟有几十间会议室，除了开会之用，也是为着有事来山的信徒，有个地方可以商谈。

佛光山以"给人信心、给人欢喜、给人希望、给人方便"为理念在弘法度众。佛光山是有未来性、有希望力的道场，因为每一位年轻人，无不抱持着"但愿众生得离苦，不为自己求安乐"的信念，念念为佛教的兴盛，念念为众生的欢乐努力；这样一个理念的发挥，终会使国家社会有所进步，有大发展。

黑虎

从人到一切众生，其生命都值得我们爱护与尊重！

黑虎，不是虎，是佛光山大慈育幼院养的一只狗，经常陪伴孩子们玩耍。

黑虎正如其名，全身黑壮，面貌似虎，咆哮起来尤其大声，然而因为太尽忠职守，凡是外面有什么动静，都逃不过它的耳目，因此饱受附近佛光精舍老人的抱怨，他们抗议黑虎乱吠，并且扬言若不牵走，将投书报纸，说我们虐待老人。

后来，我只得央请美浓朝元寺慧定法师收养，并且另外找了一条温驯的狗儿给育幼院，以免小朋友失伴哭闹，才圆满地解决此事，让老幼双方皆大欢喜。

一直听人说：黑虎还记得我们，凡是见到佛光山去的人，它都摇尾欢迎。我心里一面觉得难过，一面也感到不可思议，但由于法务忙碌，无暇前往看望。直到八年以后,我有机缘再去朝元寺,黑虎居然还认得我,不但没有丝毫怨尤之色,反而似乎很能体会我当初的苦衷,不断地围着我打转,以示欢迎,而且跟前跟后,一副依依不舍的样子。目睹此情此景,不禁感怀万千;我们将它送至百里以外,但它心中始终没有舍弃我们。

谈到人情味,有时候狗比人更有人情味,难怪国外常有人遗产不留给儿女,反而留给他养的狗。世间任何的生命都是宝贵的,应该受到爱护与尊重,不要说是一个人,就是一条狗、一只小蜜蜂、小蚂蚁,都不可以视为敌人,轻易杀害。它们只是为了生存,在空中飞一下,在地上爬几步,我们就把它打死、踩死,实在罪不至此。

爱的推广,对这个世界是很重要的,从人到一切众生,其生命都值得我们爱护与尊重!

谁了解我的心

真正的知心，不在于表面上的、物质上的供应与关怀，心灵上的关怀更是越超人我界限的重点。

有一年，我因为心肌梗塞，在荣总医院做"冠状动脉绕道"手术，由曾在南非开普敦接受心脏开刀训练的张燕医师主刀。开刀后，一些徒众常常好奇地问他："我的师父心里怎么想啊？""师父的心长得什么样子啊？"面对这些关怀，他只是幽默地回答："你的师父心里怎么想，只有我最清楚，因为我不但看过他的心，摸过他的心，懂得他的心，甚至整理过他的心呢。"

张燕医师幽默的回答，引发我一个想法：我们常常谈到的"相知相契"，究竟如何才算是真正的了解呢？

其实，要了解一个人的心，不一定是从形象上去了解，佛教有所谓"以心印心"、"心心相印"，即以佛心直印众生心，超越语言文字以外的相契相知，一般世俗上则用在彼此思想、情感的契合。

　　人我相处贵在知心，表面上的应酬、帮助、赞美，这是不够的。能在对方需要的时候，明白他的心里；烦恼的时候，给予一些安慰；颓唐的时候，给予一些鼓励；彷徨的时候，给予一些指引，彼此才能"以心印心"、"心心相印"。

　　真正的知心，不在于表面上的、物质上的供应与关怀，心灵上的关怀更是越超人我界限的重点。无论家庭中父母子女的相处，或是社会上人我的相处，懂得相互尊重与体贴，将人比己，将己比人，明白物质以外，更深层的心理情感，想必与他人的相处能够更坦诚，更贴近。

观狗记

更重要的是，先做到与朋友交往时，让对方没有压力，完全放心。

下午五点，正是下班时间，板桥的路上挤满了各种车辆。红灯亮了，我的车子正好是停在十字路口上的第一辆，从后照镜可以看到单行道的后面排满了长龙般的车子。只见红灯灭了，绿灯随即亮起，这时我眼睛的尾端出现一团徐徐前进的东西，我马上告诉旁边的司机："不要开！"

原来是六条刚出母胎的小狗正要过马路。它们时而东张西望，看看来往的行人；时而停止脚步，似乎嗅着什么稀奇珍宝；时而望着我们这辆车子，好像是在奇怪：外面的天地如此广阔，人类为什么老是躲在铁皮做的东西里面……

后面的车子等得不耐烦了，刺耳的喇叭声此起彼落。许多人干脆下车,绕到前面来看个究竟。先是一个魁梧的壮汉跑了上来,扭过头作势像要骂人的样子,我笑着指指前面。他看到那六只小狗,即刻转过头来,向我合十道歉。

第二个前来"兴师问罪"的,是两个留着朋克头的青年。当他们见到狗儿们一副惬意阑珊的模样时,彼此发出会心的微笑,一个干脆就在那里观看起来,另一个回去叫他们的同伴来欣赏。

小狗们终于到了彼端,下车围观的群众松了一口气,个个报以热烈的掌声。刚要发车前进,红灯又再度亮起,只见大家三三两两,有说有笑地回到他们的车里。

站在人的立场,我们不但要去体谅别人,还要体谅一切众生。狗子虽然没有语言,但它一样要生活,一样有爱心,一样会害怕惊恐。对我们而言只是耽误一点时间,又何必要让它们心慌意乱呢。

佛教有句"宁动千江水,不动道人心",意指一个修行人不可以轻易起心动念。同样地,宁可搅动大海江河,也不要惊吓一切众生;然而现今台湾社会上,暴力、飙车、抢劫、绑票、诈骗等伤天害理的事件频传,让民众感觉到生命备受威胁,使社会污浊、可怕。

在佛教，观世音菩萨又称"施无畏"，意即拔除种种怖畏忧患，让人无热恼，心清凉。对于心怀畏惧的人，不妨学习观世音菩萨"施无畏"的精神。但更重要的是，先做到与朋友交往时，让对方没有压力，完全放心。例如：我讲话你不怕，我做事你不怕，我举心动念你都不怕。倘若人人都能做到这一点，即使夜不闭户，也不用担忧害怕。

内心的管理

我们要保有"真心"，以真心待人，对方必定回以盛意。

有人问我："佛光山这么多的徒众，你是怎么管理的？"我并没有什么高深的管理法则；管理人，我倡导法治、人治、无为而治，因为最好的管理，莫过于自己内心的管理。

谈到管理法，佛教有不同的管理法，戒律有戒律的管理法，丛林有丛林的管理法，佛教流传到现代，也有现代的管理法，甚至过去的诸佛菩萨、祖师大德，也建立了各式管理法。其中观音菩萨的管理法，是值得参考的管理法。

在《观世音菩萨普门品》里，观世音菩萨的管理法比比皆然。经文中提到观世音菩萨大慈大悲，"慈悲"就是最高等的管理法。例如：甲公司向乙公司挖墙角，开出愿意付高一倍薪水的条件。纵使待遇优惠，乙公司的员工仍不为所动，高薪当前，何以不动心呢？原来，乙公司的主管能让下属信服，他们爱护员工，关怀员工，他们逢人微笑，语带赞美，凡事鼓励，他们注重员工的身体健康、福利，与未来的发展，更是用心改善工作的环境与品质。就员工的立场和心态衡量，还有比这些更重要的吗？

又如："救苦救难"，人有困难，我们施以助援，因为唯有替对方解决困难，在无忧无惧之中才有心思做事。主管协助部下解决困难后，部下对主管感激涕零，愿意全力以赴，主管领众行事自能轻松自若。而"一心称名"即是教导我们要保有"真心"，以真心待人，对方必定回以盛意。

佛教经典，不仅仅是用以诵经求功德，更可以深入了解经文大义，应用于做人处事的管理上，必定是受用无尽无穷。

养猴记

人与人之间都需要相互尊重，都要有一个自由的空间，人与动物之间的相处，又何尝不是如此。

一九五六年，我在宜兰开设第一所慈爱幼儿园，因为口碑很好，学生日益增加，最多时曾有两百人的盛况。为了培养儿童的爱心，我们养了猴子、鸟儿。

猴子很顽皮，连专门喂它食物的吕大福都拿它没办法，但，它唯独怕我，只要它一捣蛋，我往笼子前面一站，对猴子喊："进来！"它就俯首默然。有一天，我们在隔壁的雷音寺举行法会，正要绕佛时，幼儿园的老师跑来，紧张地说："猴子脱笼而出，溜到对面的大楼上玩耍，任谁都没有办法，也叫它不来，万一伤了人怎么办？"

当时我穿着袈裟在念佛，怎么去抓猴子呢。不过，看到老师一脸无助，只得对其他念佛的人说："你们好好念佛，我去抓猴子。"我即刻赶到现场，跟它招手说：

"来!"只见它连跳带爬,跑回笼里,这种"认主"的特性,一时之间成为美谈。

畜园的老板每次看到我,都劝我不能给猴子喝水,否则会长得很快,就不好玩了,但是我想到口渴的难过,于心不忍,还嘱人喂它喝水。不多久,猴子竟然长得比半个人还要高大,等到养得再大一点儿的时候,我见它终日关在空间局促的笼子里,心生悲悯,于是放它回归山林。当我望着它在树上攀爬跳跃,高兴无比的样子时,一股生命的喜悦油然生起,冲淡了原本的依依不舍。

人与人之间都需要相互尊重,都要有一个自由的空间,人与动物之间的相处,又何尝不是如此?它们也需要一个能够尽情驰骋原野,放心展翅翱翔的自由天地。人因于牢笼都觉抑郁苦痛,为何不能换个立场,听听动物的悲歌呢?

增添色彩

说话时，语言有色彩；吃饭时，桌上的菜肴有很多的颜色变化，所谓色、香、味也要有色彩。

放生，是一种慈悲的表现，所谓"上天有好生之德"。然而放生也要有智慧，愚人放生是把金鱼放到池塘里，把淡水鱼放到海里，把家禽放到山里……并没有顾虑到它们的生存环境，不但不能放生，反而是放死了。

曾经有人到佛光山来放生，放什么呢？他带着很多小鹦鹉来山放生，可是这些小鹦鹉野外求生的能力尚不具足，因此我请徒众永会法师，每天准备一点食粮，放在固定的地方，让这些小鹦鹉有东西可吃。

永会承袭了我的个性，非常喜欢小动物，许多徒众经常将从树上掉下来的雏鸟送给他养。在他悉心照料下，无论是奄奄一息的，还是脚趾损伤的，都能迅速康复，我为它们一律取名为"满飞"，只见鸟儿愈来愈多，

"满飞一号"、"满飞二号"……在各式各样的笼子里雀跃歌唱。

有一天，我对他说："鸟是大自然的动物，要让它们回归自然。"

次日，他依依不舍地为鸟儿授"三皈依"后，将它们放生。为了怕鸟儿在外面求生不易，我们每天在后院遍洒米谷。果然大家很有默契，每天时间一到，它们都会飞回来啄食。其中一只文鸟最有情意，每天朝九晚五，都会跑到我的窗前看我几回，像是晨昏定省似的，向我问安。

有一年，我刚从欧洲弘法归来，回到开山寮，已是深夜。翌日清晨醒来，我听到与众不同的鸟叫声，于是信步踱到后院，发现后门左侧多了一个用铁条围成的鸟园，里面有各种颜色的鹦鹉飞舞其间，心想这一定又是永会的杰作，于是将他唤来，请他把鸟园拆了。当时可以看得出他是非常不情愿的。

此后，佛光山的树林里，又增添了各种颜色的鹦鹉。有好几次，我指着天空中五颜六色的鸟儿对他说："你看！你为佛光山增添了多少美丽的色彩。"

这个人间也需要色彩，就像院子里有各样色彩的花,才显得精彩美丽。同样的,一个人不但衣服、化妆品可以增添色彩,脸上的笑容也能增添色彩,因为任谁也不想看到一个冷冰冰、死板板没有笑容色彩的脸庞。

我们每一个人都可以为这个世界增添色彩:说话时,语言有色彩;吃饭时,桌上的菜肴有很多的颜色变化,所谓色、香、味也要有色彩。彩色的世界很可爱,希望我们大家能为世间多增添一点色彩。

罚他睡觉

教人，先要从人情上着手，才能再进一步谈到法情；先要去尊重他们，才能培养他们的荣誉感。

我童年出家时，每当不会背书，或做错一点事，就会被罚跪香或拜佛，当时心想：拜佛不是很神圣的事吗？为什么会是处罚呢？以后大家不是都不爱拜佛了吗？我那时候小小的心灵就有这样的疑虑。

后来，我建立佛光山，创设沙弥学园，因为沙弥年纪小，顽皮捣蛋，纠察师也和大陆丛林一样，罚他们跪香拜佛。我知道以后，连说：

"不可！不可！"

"不然，要如何处理呢？"

"罚他们睡觉，不准拜佛，尤其不准他们参加早晚课诵。"

"那不是正中了他们的心意吗？如果这样做，他们岂不是变得愈来愈没有道气了吗?"

"不会的,因为孩子们虽然睡在床上,但钟鼓梵呗声却历历入耳,哪里会睡得着?何况当他们看到同学们都可以上殿,而自己却不能参加,他们心里会了解,睡觉是被处罚的,拜佛是光荣无比的。他们自然就会升起惭愧心,改过迁善。教人,先要从人情上着手,才能再进一步谈到法情;先要去尊重他们,才能培养他们的荣誉感。"

这个方法实行了半年以后,沙弥们果真变得自动自发。

过去的教育,多半是填鸭式的,只是压制孩子驰骋天地的思想与能力而已。为了下一代,从家庭教育到学校教育,到社会教育,无不需要革新,革新压制式的教育,着重于启发孩子的心智,开展他们的世界观,开发他们心里的世界,引导他们把心中的智慧宝藏发掘出来,展现自信光辉,还怕国家社会没有菁英吗?

随喜的教育

教育，不一定要以压制、否定的方式，如此只会造成他们的反感和罣碍。

我平时教育徒众没有一定的规矩，因为教育要合契理、契机。人各有性格、根器，也各有因缘，适性而教才能让他们发挥所长。

依德法师刚出家时，俗心未脱，尤其对于蛋的滋味，始终不曾忘怀，所以经常借故请假回家，好方便弄一些蛋来吃。有一次听说她又要请假回家，我就嘱咐杨慈满师姑为她煮蛋、煎蛋、卤蛋、炖蛋、炒蛋，做各式各样的蛋给她吃。

依德知道我不准她的假，难过地来找我，我劝她到杨慈满那儿去一趟，再回来找我。她照着我的话去做，到了那里，一看，哇！满桌子都是蛋。这一吃，从此她对于蛋望而生畏。

当初在一旁怪我擅开恶例的徒众，后来也都佩服我方法高妙。为了让一个人回头，这也是一种不得已的方便法门啊！所以，我常想：有关很多"人"的问题，如果我们都能带着宽容的心胸易地而处，就比较容易迎刃而解。

教育，不一定要以压制、否定的方式，如此只会造成他们的反感和窒碍。吃蛋并不是什么滔天大罪，不一定非得以严厉的方式对治、处理，只需一点方便法门，一点随喜的教育，从轻松当中稍微点拨、提醒，让她自己觉醒，明白为人处事的道理。

教育孩子，要有一颗体谅的心，不应以大人的心理要求小孩；以成佛的立场要求众生，佛菩萨也是由众生成就的，每个人都有无限的成长空间与可能，不应以一时、一事断定一个人的优劣好坏。

教育，更是长远的。需要慢慢地耕耘，才能培育出苗壮的大树。

玻璃丝袜

孩子的愿望，并没有对或不对，重要的是如何引导。

我一生热心于教育，尤其是佛教的教育，因此在海内外共办了十六所佛教学院，遍及亚洲、非洲、美洲、澳洲。此外，为顺应各地的语言、国情，设有中文佛学院、英文佛学院、日文佛学院等，而就读佛学院的学生也不一定要出家。

由于佛学是一门哲学，所以来读佛学院的学生，几乎都是高中毕业，甚至于大学毕业，当然也有从小就在大慈育幼院长大的孩子。对于育幼院的孩童，我让他们在社会上读书，倘若孩子们高中毕业后，愿意到佛学院就读，我也很乐意成就他们。

曾经，佛学院里有一位叫做黄秀美的女孩，美丽、柔和，时时洋溢着欢笑。有一次，有人随口问她："秀美啊，想不想出家？"那孩子却稚情、认真地说："我还没穿过玻璃丝袜呢!"

我听在心里,想着,这些孩子从小以我为家长,她们希望能穿到一双玻璃丝袜,一条牛仔裤,我能不像父母一样,满她们的愿望吗?

后来,有机会到美国,我托人买了几双玻璃丝袜。海关人员检查我的皮箱时,露出不解的异样眼神,仿佛在问我:出家人买玻璃丝袜虽然不犯法,但是买玻璃丝袜做什么?我心里想:为了满足一个学生穿玻璃丝袜的梦想,为了对一个徒众发稀有的出离心表示鼓励,先生你哪里会晓得出家人也有天下父母心啊!

孩子的愿望,并没有对或不对,重要的是如何引导他们正确地尝试人生,让他们自己去明白人生究竟的意义。

就职第一课

以"不知道"来应付回答，永远无法解决问题。

有家公司刚聘任一位秘书，某天，公司来了一位想谋职的人，秘书随即将此人带到总经理办公室，以待面试。总经理与这位求职者谈了一阵子，即请秘书把客人送走。等秘书送走客人之后，总经理就问：

"刚才那位前来求职的人，你看他修养如何？"

"不认识，不知道。"

"你觉得他的学识如何？"

"我不清楚。"

"他的能力，你觉得怎么样？"

"没有相处过，怎么会知道呢？"秘书还是一副不知道的表情。

"他的为人、责任心、忠贞感，你觉得如何？"

"我一无所知。"

"刚才你送他走的时候,他是欢喜的离开呢?还是抱怨、不满的离开呢?"

"我实在看不出来。"秘书搔搔脑袋说。

总经理面露严肃:"你不能老是回答'不知道'、'不知道',这世间的任何事,都要知道才能做啊!什么都不知道,你该如何办事?你有眼睛可以看,你有耳朵可以听,面对周遭的人和事物,必须有观察与判断的能力。"

总经理的一席话,犹如禅师的棒喝,重重地打在秘书的心坎上,他如梦初醒,自此改变了他原有的处事态度和人生观念。事后他告诉总经理:"感谢您的教诲,让我上了人生最棒的一堂课。"

惯于以"不知道"来应付回答,永远无法解决问题。唯有活络感官、思想,判断一切事物,才能彻底解决问题。

我们若能时时刻刻在朋友、上级、同事身上,不断地以"我上了一课"的心态学习,把这每一课宝贵的经验、智慧累积起来,改进自己,升华心灵,将来我们必定是一个人格健全、虚心受教、有大用的能人。

苹果上的肖像

倘若只是一味地责怪，恐怕会导致孩子心理的偏差、缺陷，成为他们行走终生的绊脚石。

丘妈妈准备一盘水果要给家人吃。

小儿子放学回来了，她对儿子说："桌上有一些水果，你可以拿去吃，妈妈先做事。"小儿子看到这么多的水果，顺手挑了一个苹果，在上面刻了一个女孩子的画像。不久，他又拿起香蕉，在香蕉上刻了一个老太太，在柿子上面刻了一个男士的像。

丘妈妈从厨房出来一看，所有水果都画了人，不禁怒火中烧，拿起藤条就要打儿子。

没想到小儿子竟然理直气壮地说："妈妈，我没有错，你为什么要打我呢？"

"为什么打你？你看你这样调皮，在水果上画了这么多人像……"妈妈气呼呼地回答。

"妈妈，姐姐欢喜吃苹果，我怕别人吃了她的苹果，所以我在上面刻一个姐姐的像；奶奶喜欢吃香蕉，我就刻了一个奶奶的像在香蕉上，把这个香蕉留给奶奶；爸爸喜欢吃柿子，我就在上面刻个爸爸的像，这样不好吗？"

丘妈妈听了很惭愧，一把搂住小儿子，说："孩子，你真乖，是妈妈错怪你了！"她很庆幸自己听了儿子的说明，才不致误解儿子的体贴、爱心，否则真的一阵棒打，岂不造成遗憾！

父母要教训孩子前，是不是先冷静想过，问题发生的背后原因？倘若只是一味地责怪，恐怕会导致孩子心理的偏差、缺陷，成为他们行走终生的绊脚石。

何妨多多关心孩子的真实想法、行为个性、学习交友、生活习惯等，给予他们适当、应机的教育，对家庭的伦理和亲子的关系必定有所助益。

遇危不惊

怀有慈悲心，为对方的处境着想，愿意帮助加害他的人，因心中有佛法。

陈履安先生有一个公子叫做陈宇铭，是哈佛大学的博士，也考取了美国律师执照。回到台湾后，就在佛光山北海道场的男众佛学院里研究佛学。经过一年的学习，他表示想为佛教做一点事，我便建议他到非洲去传播佛法。

在非洲期间，一回，他一个人到海边散步，突然冲来四个黑人把他包围住，拿着刀威胁他交出钱来。当下他心里很是懊悔，要是身边带一点钱，就可以与他们结缘了。回台时，他与父亲谈起这段事情，陈先生就问他：

"你当时怕不怕？"

"不怕！反而是那四个人很害怕，因为做了非法的事情，贼人胆虚。"

"在当下那一刻，你会恨他们吗？"

"没有，反而很同情他们。"

"你有菩萨心呢。"

陈先生把这段事情告诉我，我也欢喜赞叹。一个博士、一个律师，在社会上所发挥的能力与专才是不可限量的，却在险恶的一刻，不但临危不乱，不胆小怯懦，还怀有慈悲心，为对方的处境着想，愿意帮助加害他的人，这些都是因为他心中有佛法。

孙中山先生说"佛法乃救世之仁"，诚然不虚！

佛法救人，是从心改造，法律乃规范行为。心含大千，所能发挥的力量无远弗届；行为的限制毕竟只是表象上修正，效果不大。佛法正可以补法律的不足，许多法律无法解决的问题，以佛法处之，都能获得圆满的结果，所以我说"有佛法就有办法"！

与我有关

与大自然共同生存，理应善加维护、珍惜，才能营造人间的净土世界。

许多外国人士来到中国后，都有共同的感受，他们一致认为中国文化蕴含了浓厚的人情味，但对于中国人的公德心却是不敢恭维。

中国人的人情味确实十分浓厚，尤其朋友自远方来，更是热情招呼。相对于生活的礼仪、次序，似乎不大在意，好比说，在公共场所高谈阔论旁若无人，扰乱大众的安宁；在人行道上违规停车，不守交通秩序；有时候乱丢垃圾，不顾环境卫生；或在树林、桌子、花草上胡乱刻字，公德心的丧失，真是骇人听闻。

一回，我到美国弘法，路边看到一位东方小孩在喝可乐，喝完后，随意把罐子往地上一丢。恰巧有位老太太路过，撞见此景，严肃地唤住东方小孩："把罐子捡起来。"小孩不服气地大吼:"关你什么事?"

老太太面露沉重:"怎么不关我的事,这个社区要清洁、要整齐、要美好,我们的房地产才能增值。现在你乱丢垃圾,破坏了社区的清洁整齐,我们的房地产就会跟着跌价,怎么能说与我无关呢?"小孩子一听,无奈地将可乐罐捡起来丢进垃圾桶内。

在佛教,菩萨们不轻易地丢一张纸在地上,生怕污染大地的面容;脚不敢重踩在地上,就怕踩痛大地;不会大声喧哗,担心扰乱宁静的大地。

所谓"大地涵有无限的生机,大地呈有美好的画面",身处世间的我们,与大自然共同生存,理应善加维护、珍惜,才能营造人间的净土世界。

与病为友

懂得善加处理，即使是疾病也能成为我们的"莫逆之交"，使我们身心愉快，让我们的生命丰富精彩。

我的一位徒弟，经常患病，不是皮肤病，就是胃病，大病才初愈，又患头痛。为此，他来回医院几百趟，却始终未能将病根治。

病苦的折磨，让身心皆不安。见到他人身体健康、活蹦乱跳，而自己却疲倦虚弱、百病缠身，就愈发地讨厌起这个"病"来。有时，厌倦到一想起病痛，就茶不思饭不想，连睡觉都感到不舒服，甚至起了厌世的念头。

有一天，这位百病缠身的徒弟忽然写了一封信给我，记述他因病悟得的道理：疾病，虽然是不好的东西，但不要生起厌恶的心；相反地，要将它当成知己好友爱护，与之和平共处。比方说：皮肤病痒得令人难受，只要想它不扩大，好好的维持现状，痛苦自会减轻。肠胃病好不了，让人食不下咽，只要知道如何爱护肠胃，久病也会成良医。能"与病为友"，就不介意病痛的折磨，反而觉得心坦然之。

有疾病就医治疗，是首要；学习与它相处融洽，也不失为一个医疗之道。

徒众"与病为友"的体悟，是每一个人在立身处世上，应当学习的圭臬。日常生活里，遇上不欢喜的人事、不欢喜的语言时，又当如何？一旦有"不欢喜"的念头，自然无法与之共处；一旦生起厌恶、排斥感，不但会苦了自己，更会恼了他人。与其苦恼度日，不如化敌为友、和平共存，就能够转苦为乐，转烦恼为觉悟。

他日遇到朋友有不好的缺点，我们以道德感化；遇到不如意的事情，心中不过分计较，就能活得安然；身体的疾病，不怨恨、排斥，自能"与病为友"。

人情世故，无论苦或乐，都须仰赖自己独立面对、处理，懂得善加处理，即使是疾病也能成为我们的"莫逆之交"，使我们身心愉快，让我们的生命丰富精彩。

说哈啰的故事

因人应机说法，才能不至于对牛弹琴。

我曾看过许多鹦鹉、九官鸟学人讲"阿弥陀佛"、"客人请吃茶"、"恭喜发财"，发音之准确，博得众人喜爱。

有位信徒非常喜欢会说话的鹦鹉和九官鸟，总希望自己饲养的九官鸟和鹦鹉学会讲人话。为了达到这个目标，他无时无刻不在教它们讲"哈啰！""OK！"无论他多么卖力地训练，鸟儿就是不领情。他气急败坏，情绪激动地直骂："真是愚蠢呐！"

这位信徒跟我讲述鸟儿的情况。我说："你愿意把你的鹦鹉送给依严法师吗？让你的鸟儿跟依严法师的鸟儿住几天，看看是否能学会？"他立刻欣然应允。

鸟儿与几十只会说话的鹦鹉、九官鸟生活了一段时间，没过多久，它们果真也能逢人说"哈啰！""OK！"

为什么换个环境就会说话了呢？那是因为跟"同

类"住在一起,比较容易模仿。一如佛陀的教法,除了契理,也强调契机,意即只合乎道理仍显不足,合乎根机,才能达到度众的功效。

佛法的教义中,有所谓的"四摄法",其一项就是"同事摄"。比方说:面对军人,要跟他讲军法;面对家庭主妇,须为其说家庭主妇的佛法。因人应机说法,才能不至于对牛弹琴。

就像中国人移民到世界各地,总想把中国文化带到当地。中国文化可以融合西方文化,但不能用高压的政策,要当地的人接受我们的文化。这就好比一个大人,用大人的行为、理念要求小孩;政治人物,强行要求平民百姓与他的政治理念一致,这都是错误的思考模式。唯有观机逗教,随机应变,让同类的人获得同类的教育,才是最上等的教育法。

佛光净土

历史很可贵,能让我们知古鉴今;每个人也很宝贵,都值得我们关怀和尊敬。

位在嘉义佛光山圆福寺里面,有一座"义士庙",可说是寺中有庙。义士庙建立的因缘,据说是过去有五百三十位义士,为了维护台湾的主权,在对日抗争中牺牲生命,因而建造这座"义士庙"以为纪念,也称为"五百三公庙"。

圆福寺重建时,有人建议我,义士庙应该要迁走,但我认为这是不当之举,我的想法是:义士庙不仅具有古迹的价值,其中蕴含的意义,和烈士们为国牺牲的精神,更值得后人学习。尤其,寺庙也称为净土,怎么说呢?人间佛教主张现世极乐的建立,不一定要等到将来往生西方极乐世界,到寺庙礼拜、念佛和朝山,内心清净,口中清净,身行清净,寺庙就是净土了。

义士庙在圆福寺屹立上百年,五百三十位义士虽已往生,却长住净土里,佛光山在这里重建圆福寺,将义士庙迁走是在建设互相排挤、互不包容的五浊恶世,而不是建设净土。除了保存义士庙,我也要求圆福寺的住持,要心存恭敬,如同对佛菩萨、护法神明一般,每天上香、供花、敬果,因为佛光净土里,是不排斥任何一个人、任何一个宗教的。

今日的社会,也当建设极乐净土,为人设想,包容异己,承认历史的价值,为先贤烈士定位。

历史很可贵,能让我们知古鉴今;每个人也很宝贵,都值得我们关怀和尊敬。人人有此心,极乐净土当下是!

再谈《传灯》

宗教信仰是出乎自然，发乎本性，勉强不来的。

有人问，为什么《传灯》要给天下文化公司的主编符芝瑛来撰写呢？

说起这段事，我也感觉因缘的奇妙。过去，我一直认为传记应该是等到人死之后，盖棺论定才写的。当时，天下文化公司出版社的社长高希均教授表示，希望能为我出本传记。由于我和高教授是很好的朋友，自然也就接受了他的意见，并且让符芝瑛小姐来主写这本书。

哪知道，符芝瑛小姐见到我的时候，就说："我不是佛教徒，也不会相信佛教，我只是因为我们社长的要求而来写书，是工作的关系，今后你不必管我，我会在你的听众群中，偶尔出现。"当时，我觉得符小姐讲的话，是一个记者，受过了严格的训练，但也可以说是很酷的话，我虽然听了也不介意，因为想一个人应该要经得起考验，要能摊在阳光下。

从此，符芝瑛小姐就跟着我海内外到处跑，常常在人群中，都可以看到她的影子，真的像个情报员一样。后来，她自己也取笑说：有人告诉她，说她很"会跟"，也就是很会跟随我，不过，她自己想想她大概也真有"慧根"吧。后来，在一次美国西来寺的皈依典礼上，符小姐忽然站在六百名美籍人士当中，皈依了三宝。典礼结束后，我问她："符小姐，你今天怎么皈依三宝，信仰佛教了？"她笑着回答："我等不及啦。"

一个人的智慧是要慢慢成长的，经验也是要慢慢累积的，宗教的信仰、信心也是慢慢增加的。就如符芝瑛小姐，本来没有宗教信仰，透过慢慢地了解、认识以后，便自发地皈依佛陀，因为宗教信仰是出乎自然，发乎本性，勉强不来的。

孝顺的徒弟

自己的一言一行都可能成就一个伟人,或是造就一个盗匪。

四十年前,我在宜兰弘法时,曾经成立一个儿童班,有几千人,成员都是一些小学的孩子。经过长时间的栽培与佛学感染,后来继续成立学生会、青年会。许多年后,孩子长大了,各奔前程,各自发展:有的做医生,有的做教授,有的做导演,有的成为作家……各有成就。

这些孩子当中,有一位李武彦先生,他是荣民总医院X光的专家,在三重开福人养老院为老人服务。他对我的真心诚意,往往让我感动不已。多年来,他每过一段时间就来求我,要我到医院去进行身体检查。因为弘法工作忙碌,实在抽不出时间,也总是回绝他:"不要这样急,我不会那么快死。"他说:"不是这样的,预防胜于治疗啊!"

有时候他来求我,我依旧坚持不去,他竟跪下来向我顶礼:"师父,请您慈悲满足我们的愿望。"他这种历久弥浓的恭敬心、孝养心,仅仅源自一份师徒之缘,便能如此坚实而柔美。人说:"久病床前无孝子",佛门却是"僧情不比俗情浓"!

　　一回,手术后,他日夜在我的身边照顾,甚至将自己的头发剃了,生怕头发中存有细菌会感染刚开完刀的我;只要我在病床上稍微动一下,他就立刻上前问:"怎么样?不舒服吗?"这种无微不至的体贴与孝心,令我觉得暖心、安慰。

　　幼儿教育的重要,在他身上便能深深体会得到。儿童在幼年时期,培养他们的信心、爱心、慈心、悲心,长大后,孩子会将这些善心幼苗发扬光大,对家人、师长、朋友、同事,乃至不认识的人都能付出关爱。这是每一个父母和老师应该有的观念,我们往往没有注意到,自己的一言一行都可能成就一个伟人,或是造就一个盗匪!

棉被里的泡面

适切适性给予教导，适时适地施舍方便。

有一位中年丧妻的父亲，独自抚养年幼的儿子。有一天晚上，他从公司回家，整日忙碌的工作让他身心疲惫不已，情绪更是烦闷不快，纵使如此，他还是挂念儿子是否已安然入睡。

走进房间探看，只见儿子躺在床上沉沉酣睡，才要帮儿子拉拉棉被，竟发现里头有碗打翻的泡面，他一怒之下，朝熟睡中的儿子打去："这么不乖，把棉被弄脏惹爸爸生气。"被惊醒的儿子哽咽着说："我没有不乖，我是怕爸爸的晚餐凉了，我才放进棉被的……"

他一听，真是满心惭愧，抱着儿子连连道歉，竟然不明就里，误解了儿子的心意。

孩子的世界是很单纯、善美的，倘若以大人的思想、观感去对待、揣测，只是徒增曲解，加深彼此的鸿沟罢了，又何以能走进他们的心灵世界呢？因此，如何搭建与孩子之间的桥梁，实是为人父母、为人师长者应当深思、学习的重点。

《普门品》提到观世音菩萨度众是"应以长者身得度者，即现长者身而为说法；应以居士身得度者，即现居士身而为说法；应以宰官身得度者，即现宰官身而为说法……"菩萨能随应众生的机缘，运用种种善巧方便教化，因为菩萨深知有情众生的根性与需要，能适切适性给予教导，适时适地施舍方便。这样深具悲智的教化方式，应可作为各位父母、师长在教育孩子，乃至与孩子相处时的参考。

风雨生信心

经得起风雨考验的友谊和信心，才是坚定不破的永恒，弥足珍贵的感情。

一九九五年六月上旬，我听说花莲四维高中黄英吉校长的大公子——台北和平医院的总医师黄文魁先生，与台南仁德中学英文老师郑秀凤小姐在佛光山举行佛化婚礼，虽然当天获安娜台风过境，全省风雨交加，而我那时又刚由荣民总医院开刀不久，正在静养期间，但是为了感念黄校长对佛教的贡献，我专程驱车由台北赶回高雄，主持这场典礼。

黄校长见到我，很高兴地说："真是风雨故人来，大师抱病为小儿福证，使我们全家人在飓风暴雨中更增信心。"

第二天，黄校长包了一个大红包以示答谢，我婉拒他的好意，说道："你想用金钱把我从台北买回佛光山吗？"

他听我这么一说，赶紧将钱收起来。

过去，黄校长仿照佛光山师徒间的制度，对花莲高中的学生都不称呼"同学"，反称为"爱徒"，而他自己也一直说是我的爱徒，所以我告诉他："你既是我的爱徒，为何还要花钱来解决问题呢？除了钱以外没有更好的东西吗？"

他一听，满心感动，说："大师，我今后会更加全心全力地护持佛教，护持佛法，护持佛光山！"

在待人接物上，不要完全地向钱看，以钱来联络感情，除了金钱以外，友谊、关怀、道义、信用、诚实、慈悲、信仰，比金钱更具价值；尤其是经得起风雨考验的友谊和信心，才是坚定不破的永恒，弥足珍贵的感情。

修女诵经

视异己如亲朋好友般对待,相互包容,彼此尊重,则人间时时有春风,处处生绿意。

有一户人家移民到澳洲定居,不久,其中一位不幸在当地出车祸往生。按照中国人的习俗,在世者要为往生者诵经超度。于是家人请到寺院的法师,为亡者诵经。

虽然这户人家是虔诚的佛教徒,但在当地结识的朋友有许多是天主教徒,因此在告别式那天,便有一些修女前来。修女和出家人在一起,究竟是念佛经,还是读诵圣经祷告呢?

当法师们诵经的时候,与会的修女们自然地拿起佛经,跟着出家人一起念诵。事后,有些人好奇地问道:"你们怎么也跟着诵佛经呀?"她们微笑回答:"同样都是祝福,都是向亡者表达心意,为何非要祷告,而排斥诵念佛经呢?"

这一群修女不会因为宗教的不同,互相排斥、互不往来,仍然安然自在地于佛教的法会上手持佛经,为亡者祝祷,她们的言行举止,善解人意,令人十分动容。各个宗教的融合,即是从这种种小细节中着眼、落实。唯有如此,才能促进世界的和平。人民的安和乐利,实乃宗教存在的真实意义。

人和人相处,懂得彼此尊重,自会灭去许多不必要的纷争、误会。如果社会上彼此失去尊重,父不慈、子不孝、兄弟阋墙、夫妻同床异梦、学生殴打师长,乃至富者轻视贫者……必定会衍生出许许多多的社会问题。唯有视异己如亲朋好友般对待,相互包容,彼此尊重,则人间时时有春风,处处生绿意。

讲光抄与背多分

为人师表，明白自己的立场与使命，尽心钻研教学的方法，才是上等老师。

什么叫讲光抄？什么叫背多分？或许很多人不懂，不过如果提到蒋光超、贝多芬这两个人，可能大家就明白了。蒋光超是过去演戏的演员，贝多芬则是历史上有名的音乐家，可是现代的年轻孩子，在学校里常提到这两个人名。究竟读书和蒋光超、贝多芬有什么关系呢？

在大慈幼育院里，曾经发生过这么一件事：有一个孩子放学回来，劈头就告诉我："我不要去学校了。"我说："不行啊，读书也是公民的义务，每一个公民都要读书，提升我们的民族素质，要有知识，要守礼……"他似乎没在听我说什么，径自说："我们的老师都是'讲光抄'，都是'背多分'。"我一听大为惊讶，蒋光超在美国洛杉矶，什么时候回来帮你们上课？贝多芬早就过世了，怎么他也会来跟你们讲课，我实在听不懂。

院里的老师赶紧为我解释："'讲光抄'，就是指他的老师讲了以后，就开始写板书，学生们就照着黑板上抄下来，天天抄、日日抄，称为'讲光抄'；而'背多分'就是天天背书、背书，因为背了书，才会考得好分数，所以叫背多分。"

莫怪现代青少年大半"读"不知味，原来有太多"讲光抄"和"背多分"老师了。我曾听过一句话："假如教室像电影院。"然而教室与电影院不同，到电影院是去享受趣味和娱乐，教室则是一个讲道理、讲仁义的地方。为人师表，明白自己的立场与使命，尽心钻研教学的方法，才是上等老师。

常有人把教育这项千秋大业，作为个人生涯的跳板，并没有把教书工作奉为终身的职业，也没有全心全意的讲授教学，误己误人，甚为可惜。要健全教育须由教学的方法入手，还请"讲光抄"、"背多分"的老师们顾念青年学子的前途，改一改教授方法吧！

打儿子

从孝顺自己的亲人做起,渐而扩充到社会大众,乃至一切无量无尽的众生。

一位老祖父和小孙子在后花园玩耍,小孙子过分好动顽皮,爬上爬下不听祖父的劝导,老祖父顾及小孙子的安全,禁不住用力打了他儿下,小孙子受到突然而来的责打,痛得哇哇大声哭了起来。这时候站在旁边工作的父亲,见到此情景,竟然一言不发的猛打自己的耳光,老祖父纳闷,百思不得其解,走向前去慰问自己的儿子,干嘛自己打自己呢?

儿子赌气答道:"你打我的儿子,我就打你的儿子。"

这一段喻言可说明现代人的伦常观念,真所谓天下父母心!佛教有一首诗偈说:

记得当初我养儿,我儿今又养孙儿;

我儿饿我由他饿，莫教孙儿饿我儿。

这首诗偈的意思说明为人父母的慨叹，记得当初我养儿女的心情，就像我的儿女现在养孙儿一样；我的儿女不孝顺，让我挨饿，一切由他去；只希望我的孙儿不要不孝顺父母，让我的儿女也挨饿啊！

孝道本是中国人固有的传统美德，然而有些人不懂得孝顺父母，总是在父母逝世后，才悔不当初，责斥自己，却为时已晚矣！何不实时把握因缘，趁父母还在的时候，好好孝顺父母，了解父母生活上的需要，让父母衣食住行没有匮乏，生老病痛有所倚靠，给予心理上的慰藉、精神上的和乐，让他以有儿女为荣，信仰得到依靠，这是我们为人子女应有的责任。

孟子有谓"老吾老以及人之老，幼吾幼以及人之幼"，从孝顺自己的亲人做起，渐而扩充到社会大众，乃至一切无量无尽的众生，让中国这项传统美德永远流传。

探病

我如何回馈国家？我有什么可以贡献给社会？我用什么报答父母？

几年前，我曾因不小心跌了一跤，骨头断裂，在荣民总医院住院。在这三天中，我看尽人生百态，感慨颇多。

医院的儿童病房，人来人往，川流不息，父母眼中的焦虑，大过孩子身体的病痛。孩子爱好的玩具、喜欢吃的饮食，无一缺乏，为的就是减轻孩子的痛苦，获得心灵的些许弥补。反观，老人病房，前来探视的儿女稀疏可见，冷清的病房，有的只是病魔加诸老人的痛苦呻吟，及子女不在身边的无声悲叹。

纵使有儿女带着鲜花、水果、奶粉、饮食前来探病，但却行色匆匆，看看就走；也有的携带录音机，不停地追问老父、老母："讲嘛！你的财产到底要给谁呀？"硬是要父母留下遗嘱，分清家产，才肯离去。所谓"久病床前无孝子"已叫人唏嘘；不关心父母疾病，只顾念财产分配，令人不禁要问：这个社会到底怎么了？中国人的三纲五常，究竟到哪里去了？

难道我们不会老吗？不会病吗？将来，我们的儿女会用什么方式来探望我们呢？有为的儿女不会觊觎父母的财产，觉得天生我材必有用，我有能力，我能自力更生，不需要依赖父母的财产度日；甚至为报父母养育之恩，努力奋斗，一待有成，回馈乡里。

现代人常常计较，国家如何待我？社会大众如何看我？父母怎样对我？为何不反问自己，我如何回馈国家？我有什么可以贡献给社会？我用什么报答父母？来到世间，用之于社会，取之于社会，受到无数人的恩惠，总想有朝一日将自我能力贡献大众、社会、国家。能作如是想，人生才有大成就、大发展，也才是心灵最富有的人！

妈妈很辛苦

眼中没有他人,同时也看不到自己。

与人相处之间,我们常习惯以自己为优先考量,只想到自己的利益,只想到自己最辛苦、自己最伟大、功劳最大、付出最多……久而久之,我们的眼中没有他人,同时也看不到自己。有时候应该换个想法,想想对方的立场,想想别人给了我多少,帮助了我多少。

记得母亲跟我说过,你不要光是讲《金刚经》里的"无我相"、"无人相"、"无众生相"、"无寿者相",做人,"无我相"很好,但不能"无人相",应该心中要有"人"。确实,心中有人,心中有大众,这是对人的尊重,也是对自己的尊重。

有一个家庭,每当先生下班回来,总是大声说:"今天好累,好累哟!"还对着太太抱怨:"太太,你一定不知道我有多辛苦,我在外面拼命工作,你却在家里面闲着没事。"太太对于先生的抱怨，不曾多说什么。

儿子上学回来，进门就说："妈妈，今天好辛苦，要背书、要考试、要交作业。妈妈，你在家里没有事，你不知道我有多辛苦啊！"

这时候，女儿也从外面回来了："妈妈，今天出门郊游，跟朋友约会，走了好多地方，真是把我给累坏了，妈妈你在家里都不知道我们的辛苦。"

有一天，因为娘家的父母生病，妈妈要回娘家探望，就对丈夫、儿女说："今天是例假日，你们不用上班、上学，就拜托你们在家里看家一天。先生你呢，就负责帮我煮饭菜给孩子吃，儿子你替我把家整理干净，女儿你也帮忙做一点，把花园的杂草除一除，浇一浇花，到处照顾一下。"大家都答应了，妈妈也安心出门。

然而，在厨房里煮饭的爸爸直呼："哎哟！煮菜真是累人啊，满身油烟，真受不了！"正在打扫屋子的儿子应和着："真是折腾，腰酸背痛哟！"女儿在庭院里浇水、除草，也是叫苦连连："哎呀，大太阳底下做这些事，真是把我给热晕了！"

这时，父子三人终于明白，做一个妻子、母亲是多么辛苦的事！

信佛与行佛

要自自然然地去信仰、去实践，无须做作，不带勉强。

多年前，台北市生命线协会第一任理事长曹仲植居士，以大悲观音救苦救难的精神为一生持守的戒律。他为人乐善好施，在其手中布施给残障人士使用的轮椅，就足足超过一万多台。

最初，曹居士并没有深刻的宗教信仰，能进入佛法的大海，背后的推手是他虔诚信奉佛教的夫人。他的夫人常常要求曹居士皈依佛教，令他苦恼万分，对佛教更是望之却步了。

一天，他的夫人见到我，以恳求的口吻说道："师父，您想想办法，让我的先生皈依佛教好吗？"

我心想：目前的佛教也没有良好的条件，我怎会有力量让你的先生信佛呢？况且信仰必须发自内心，就算说得口沫横飞，也无法见其功效啊！"故而对她说："你的先生不一定要'信佛'，只要'行佛'就好了。"

在一旁的曹居士听到这些话，原本深锁的眉头，逐渐展了开来，面露着微笑，心中更是一片坦然。过去，太太要他信佛，绞尽脑汁，也搜寻不到推托的借口。如今，眼前的这位法师，竟为他找到一个最好的理由。于是，曹居士顺水推舟地说："是嘛！是嘛！这位法师说得有理，只要我身做好事，行佛之所行，也不一定非要信佛不可啊！"

多年以后，曹居士成了虔诚的佛教徒，他的跪拜、诵经、修持……一举一动做得比任何人都来的恳切、真诚。如今的他，不但行佛，也信佛、学佛、做佛了。

一个人的信仰，如同学习语言，要以自然的方法来训练；学佛、成佛，亦复如是，要自自然然地去信仰、去实践，无须做作，不带勉强。

现今的社会，许多父母硬是强拉儿女们信仰佛教，如此信仰是父母想要的，并非孩子心甘情愿，发自内心的渴求。理应培养给孩子足够的信仰因缘，因缘不俱备，就等于木材、砖瓦还未准备好，如何砌房子呢？相同地，朋友间，无须善加干涉对方是信仰基督教、天主教还是道教，懂得尊重彼此的信仰，才能真正达到信仰宗教的真实意义。

手足之爱

一念的嫉妒、嗔恨、斗争、计较，把美好的世界变得乌烟瘴气；也因为一念的爱，把丑陋的世界变得美好。

在佛光山一千多位出家众中，有很多是姊妹、姊弟、兄弟、母女，甚至是三代共同出家的。其中有一对兄弟档慧龙、慧传，他们之间曾有一段故事。

当时，弟弟慧传就读屏东农专。有一回，与出家已久的哥哥慧龙法师聊天，提到他想买一辆脚踏车代步。就当时的经济状况，买一辆脚踏车并不容易，况且住校使用脚踏车的机会并不多，他虽然心里很想拥有，却不敢向父母提及此事。

原本只是和哥哥说说自己的心声，没想到一个月后，他放学回到宿舍门前时，听到有人叫他，回头一看，慧龙法师正骑着一辆崭新的脚踏车，满头大汗，挥着手与他打招呼。他既惊喜又感动，一时之间，竟然说不出话来,良久,才问慧龙法师:"一辆脚踏车要数千元,您一个月的单银不过数百元左右,这笔钱……"慧龙法师打断他的话:"我骑了一个多钟头的脚踏车到你这里,希望你日后能开着车子来佛光山。"

慧传为兄长这份手足之爱,感动不已。原本对哥哥出家并不是很赞成,因为感受到哥哥慈悲、爱心的胸怀,开始亲近佛教,甚至发心出家。慧传做过普门高中副校长、美国国际佛光会世界总会秘书、西来寺住持,现任佛光山都监院院长,为佛教奉献良多。

因为慧龙与慧传这一段因缘,我们明白:这个世界任何事物都会改变的,一念的嫉妒、嗔恨、斗争、计较,把美好的世界变得乌烟瘴气;也因为一念的爱、慈悲、善意,把丑陋的世界变得美好。

这个世界充满着希望,无论是丑陋的、贫穷的、残缺的,只要用诚意、用爱心、用慈悲……就足以改善我们的世界。

不皈依也难

善根，就像埋在土里的禾苗一般，在土壤、水分、阳光、空气的滋润下，生根发芽。

在佛光山开山期间，屏东工务局有一位姓高的居士，常常到佛光山来做义工，不论大小事情都愿意远从屏东赶来帮忙。这样发心护持许多年，总是任劳任怨，甘愿付出。有人问他：

"高先生，你有没有皈依？"

"没有。"

"你这么发心，对大师又这么尊敬，应该皈依才对啊！"

"我才不要皈依！"

"为什么？"

"大师的愿力太大了！天天想做这个、想做那个，什么好事他都想要做，一旦做了他的弟子，若不能尽力帮忙，我会于心不安的。所以干脆不皈依，这样感觉比较自在。"

我听到以后，只觉度人信佛不能带半点勉强，应该随顺个人的想法和意愿，也就随其自然。

十多年后，有一天，我在皈依典礼中，惊见高先生也跪在人群里虔诚的礼佛。事后我开玩笑说："高先生，你不是说不皈依吗？怎么今天愿意皈依了？"他低下头来，不好意思地说："看到您为佛教、为大家付出那么多，自己想不发心皈依也难啊！"

其实，信仰是出自本心、发乎真性，因缘到了，自然就能水到渠成。就像有一些人总是对我说："我可不要信仰佛教"、"我可不要皈依"，然而一旦接触佛教、参与弘法的行列之后，他们心中的善根，就像埋在土里的禾苗一般，在土壤、水分、阳光、空气的滋润下，生根发芽。

皈依，是对信仰的肯定，是发自内心的虔诚信仰，丝毫勉强不来。每个人都有自己的因缘，只要耐心等待，因缘总有成熟的时候；每个人也都有自己的看法，唯有彼此尊重，才能和谐共处，往来无碍。

为狗自杀的人

全始全终的感情，不一定局限于人我之间，有时候，动物反而要比人类更为忠诚。

曾经，在报纸上刊一则新闻。有一个人养了一条狗，日久相处，人狗产生浓厚的感情。后来狗到了老迈之年，即将面临死亡，主人悲恸万分，觉得自己活在世间已无意义，故而选择自杀，与爱狗同赴黄泉路。

这件事情，震撼人心，也震惊了整个社会。这让我想起一段人狗彼此怜惜、相互忠贞的故事。

过去有个流浪汉，在街头无聊地慢步走着。突然望见一只小狗在垃圾堆里，扒呀扒呀地找东西吃。流浪汉看了于心不忍，于是将身上仅剩的过期面包，分一半给小狗。自此以后，小狗就常常来找这位流浪汉。不久，流浪汉死了，小狗仍旧睡在他的脚旁，寸步不离。后来，政府相关单位为这名流浪汉买了一副薄皮棺材为他收尸。不管收尸的人用脚踢、用手打,小狗依然紧跟在旁。当棺材埋进土里后,小狗随即追到坟墓边停留,每当下起倾盆大雨,它就跑去避雨;一待艳阳高照,又回到土堆边上。肚子饿了,便独自走到外头觅食;饱餐后,又返回原处。如此日以系月,月以系年,从小狗长成大狗,从大狗慢慢变成老狗,这只忠狗与流浪汉的坟墓,相伴一生,直到老死。

所谓"忠贞",是全始全终的感情,不一定局限于人我之间,有时候,动物反而要比人类更为忠诚。历史上,"羔羊跪乳"、"乌鸦反哺",这种孝顺更甚于人。贵为万物之首的人类,有时也不得不向动物的有情有义俯首称臣。

世界之大,宇宙之广,万事万物,不论是有情动物,或是无情的花草树木、山河大地,都有我们值得学习的地方。唯有虚心学习,才能领纳一切万有深层的智慧。

虚云老和尚拜山

一个知分寸、顾大局的人，人生才会有大发展，有大成就。

抗日战争期间，四川重庆一带不幸遭到日本军机侵袭，死伤多人。一时间，灾区就像是人间地狱，不时传出鬼哭狼嚎的哀戚声。

面对重大的灾难与人民的恐慌，任职国府主席的林子超有心发动重庆佛教会诸高僧大德，共同举办四十九天的"护国息灾大悲法会道场"，并礼请广东南华寺住持虚云老和尚主持法会，以求亡者往生极乐，生者消灾免难。

重庆法会在庄严的仪式中圆满落幕。成都市的社会人士与佛教徒也想礼请虚云老和尚到当地开大座，同时举行"护国大悲法会"。虚云老和尚慨然应允，表示只要时间敲定，随时都可以前往主持。

林子超说："这一次成都的法会，我们也有意请缙云山住持一同参加，但是却被住持婉拒了。"

虚云老和尚一听，说："我随即动身前往缙云山，恭请住持下山主持法会。能不能请林主席先派人通知一声呢？"

林子超展露微笑，如释重负。对虚云老和尚的体谅，感到十分的敬佩，马上派人上缙云山告知此事。

缙云山住持太虚大师，接获虚云老和尚要亲自登山的通知后，仍不急不徐地吩咐侍者："参拜山主，是佛教丛林的一项规矩，告诉全寺大众，鸣钟升座。"于是，寺内鸣钟击鼓，太虚大师早已披搭好袈裟，站在大雄宝殿前，庄严以待。

虚云老和尚走到大殿阶梯的前面，说道："学人虚云，参拜山主太虚大和尚！"说毕，恭恭敬敬地向太虚大师顶礼。

太虚大师不回礼，也不作声，一直等到虚云老和尚拜完之后，才缓缓地走下座，向虚云老和尚问讯："虚老，佛教的规矩不能废除，请原谅我刚才僭越的行为。"

"虚云今天应当前来参拜，请山主不要挂碍。"虚云老和尚微笑问讯，眼神清如止水，澄澈如镜。

"要得佛法兴，除非僧赞僧"，佛教要想兴隆，并非一家所为，必须靠佛门释子互敬互崇，彼此称赞，才能源远流长，弘扬百世。年岁一百零三的虚云老和尚，为维护佛教规矩，向五十五岁的太虚大师行参拜之礼，如此不卑不亢，坚持教矩不可废，不拿佛法做人情的精神，是后世弟子维护正法应当念兹在兹，奉行不渝的。

教育徒众，我提出"大众第一，自己第二"的理念，要他们明白一个知分寸、顾大局的人，人生才会有大发展，有大成就。身处世间，我们为人行事是不是也能够以一代大师为榜样，放下自我的利益，放下身段；凡事以大体为重呢？

包粽子的故事

人间各有因缘,透得此理,便能免去无谓的计较、争执。

某户人家的婆婆对媳妇说:"端午节快到了,咱们来包粽子。"包粽子,对现代的年轻人来说实在有点困难,这位媳妇虽然不会包粽子,不过婆婆既已开口,自然也不好违背。

一大早婆媳两人就开始忙碌,洗粽叶、晒粽叶、切配料、炒馅……婆婆边做还不忘交代媳妇要"多包一点"、"扎实一点"。两人忙到下午,好不容易包了好多粽子放进锅里煮。就在粽子快煮熟的时候,媳妇忽然听到婆婆对着电话那一头的女儿说:"女儿呀,我们包了好多粽子,你赶快回来吃粽子吧。"媳妇一听暗自神伤,心想,原来你叫我包粽子,是要给你女儿吃的,只爱你的女儿,哪里会爱我这个媳妇呢?

媳妇愈想愈委屈，忍不住流下泪来，准备打电话向母亲投诉。电话铃响了，母亲不在家，不过她在录音机上给女儿留言了："女儿，今早我让你嫂嫂包了好多粽子，如果你听到我的留言，赶快回来吃粽子。"一听到这个电话录音，女儿真是感动，立刻合掌说："原来天下的母亲都是这样的。嫂嫂，希望你的母亲也赶快打个电话给你，要你回家吃粽子。"

人间各有因缘，母女有母女的感情，婆媳有婆媳的相处，夫妻是夫妻的情感，兄弟姐妹有兄弟姐妹的手足之情，朋友有朋友的友谊，这就是世间的伦理，人间的情缘。

透得此理，便能免去无谓的计较、争执，多一分体谅、包容与和谐。

图利他人

凡是属个人的自私自利，可以不为；于人有益，无损于社会者，应该多多益善。

有些官场中的官员，无论做什么事情，总是畏首畏尾，不敢放胆去做，最主要的原因，是怕被人检举、密告，说他"图利他人"。对这一句话，我曾反复思维过，"图利他人"原是官员的本分，是好事，为什么反而成了犯法之事呢？

倘若为了自己的利益收受贿赂、图利他人，这样是不对的。如果并不是为了自身的利益，是为社会的建设，为人民生活发展的需要，在职权之内图利社会、图利地方、图利他人，当然值得全力以赴。但是，目前社会上常常是非善恶混淆不清，即使一些有为有守的官员，存有为社会做一番事业的抱负，图利他人，却被宣判犯罪，结果大家都害怕图利他人，因循苟且，使得社会发展迟缓。

无论是官员、士农工商各行各业，甚至家庭中的每一个分子，只要在正当的法律规范之内，不徇私、不自我，做图利他人的事情，又有什么不好呢？

我这一生不做其他，只做"图利他人"之事。为什么说图利他人呢？我建寺院，给信徒有一个信仰的归处；开办佛教学院，让有志学佛的青年一探佛法大海；甚至办大学、办报纸、办电台，都是在图利他人。

人生在世应该有所为有所不为，凡是属个人的自私自利，可以不为；于人有益，无损于社会者，应该多多益善。社会大众当重新认识"图利他人"的真义，人人都做图利他人的事业，不做图利自己的行为。

三等的教育家

"读做一个人，读明一点理，读悟一点缘，读懂一颗心"，才是真会"读书"。

读书的时候，我们最羡慕的、最恭敬的就是老师。许多人立志将来做一个老师，得天下英才而教育之，是多令人称羡的事情。身为教育家应当深思，教育并不只是拿个粉笔，站在讲台上传授知识便罢了。教育家可以分成几等：

一、上等的教育家：教导学生如何做人，才算尽到教育的本分、老师的责任。

二、中等的教育家：教学生如何做事，如何经营，如何生活，如何管理策划，这是中等的教育家。

三、下等的教育家：只是教授学生知识，可能塑造的学生，是洋洋洒洒写一大篇的文章，能言善道，但心里全是贪嗔、愚痴、邪见，利己损人，行为不合道德，对人不尊重,甚至知识很高,却极端自私,吝啬与人。

有些人拥有高等学历,知识渊博,却在私人利益上斤斤计较,即使一点点的利益都不愿与人分享,这般胸怀,书读得再多又有什么用呢?所以教育孩子,除了读书以外,更重要的是教导孩子学习做人,人做好了再做事,才真正称得上是"读书",因此我提出"读做一个人,读明一点理,读悟一点缘,读懂一颗心",才是真会"读书"。

为人师者,应该抱持正确的心态与观念,发愿做个上等的教育家,教导学生如何做人,做个好人、善人、慈悲的人。

拒绝要有代替

有拒绝也有代替，才能皆大欢喜。

一个人能干与否，从小处可以看出。能干的人，请他做事无不响应："OK、OK！""没有问题！"能力薄弱的人，要他做事都是"这个不行"、"这个时候不对"、"这个地方不能"，所有的理由无非都是为了"拒绝"。一个承诺，一个拒绝，能力由此可以见得。

一个杰出、有作为的人，不论身在何处都有人缘，因为他们从不断然拒绝他人，不会推三阻四，满口理由。因此，我常教育徒众：拒绝是残忍的，轻易拒绝他人是不智之举，贸然的拒绝是不经思考，悍然拒绝更是没有道理。

有徒众反映："有些事情实在不容易做到，不得不拒绝。比方说，对方没有能力，我如何为他找工作呢？如果承担下来，别人也会责怪我呀。"

我说:"你说的有理,但是拒绝他人不应让对方觉得难堪,拒绝也要有替代的方案。好比,某人要来找工作,虽然没有工作适合他,也可以建议他到另一个单位发心,或是做短期的帮忙。某人没有钱要住宿,可以先请他用餐,吃饱以后再说。要有一个缓冲的时间,纵使无法达到对方的愿望与目的,也该给予关怀,保住对方的面子。拒绝要有代替。"

拒绝要有代替,才是有情有义人。拒绝的语言更应该多加琢磨,要委婉告诉对方"这个事情很好,我来考虑考虑"、"这个事情很有意义,我来跟什么人替你研究研究"、"这个事情我几天之内给你答复"等等,在语言上转化一下,柔软一点,就算是拒绝,也让对方没有心理负担,有拒绝也有代替,才能皆大欢喜。

天堂地狱在哪里

真正的天堂、地狱就在我们的心里。

听说现在的社会，常常有人不安于现实，有时候幻想天堂，有时候幻想地狱，甚至于神游地府，造地狱的种种景象。一个社会如果迷信到某种程度，就常常会用神权、"鬼权"来恐吓迷惑大众，这种非正道的信仰，对社会而言是很可怕的。

天堂、地狱在哪里？天堂在天堂的地方，地狱在地狱的地方。

天堂、地狱在哪里？天堂、地狱在人间。

人间，有活的天堂，也有活的地狱，你内心自在、安祥满足，生活过得平静安全，便生活在天堂里；你尽是在贪欲、嗔恨、愚痴、邪见、嫉妒里沉浮，便生活在地狱里面。市场里挂满了许多被宰杀了的鱼、鸭，那不就是刀山油锅的地狱吗？尤其现在大街小巷到处都是海鲜店，活鱼二十吃，活鱼三十吃，这就是地狱。

天堂、地狱在哪里？真正的天堂、地狱就在我们的心里。

只要我们每一个人行得正，心里坦荡、光明、清净，那便是天堂；若心中完全是计谋，打别人的主意、想方法去捉弄人、黑心、嗔心、杀心，便是地狱。

"随其心净，则佛土净"，净土就在我们的眼前、我们的心中。对于未来，每个人当要有到天堂的信心和勇气，时时检视自己，保持内心的清明，必定可以把娑婆世界建设成一个美好的人间净土。

挨骂的成就

佛门的历代祖师借着呵骂来接心，不知成就多少龙象。

说到"爱语"，通常的印象便是温和的、甜美的、让人舒服的。可知还有一种爱语，听起来并不柔和，甚至教人恐惧，不禁上紧发条；但是却能让我们成长，彻底改头换面。

后滕清一在松下电器当厂长时，由于没有经过松下的批准，就擅自作主将员工薪资提高。松下知道后，大为震怒："你什么时候变得这么了不起，你以为你是谁啊？要弄清楚，我才是老板！"松下见了后滕便破口大骂，且愈骂愈生气。一边骂，一边拿着火钳猛敲取暖用的火炉，由于太用力，把火钳都敲弯了。

松下的亲戚在旁边看不过去，挺身而出为后滕讲情，没想到松下连这个说情的亲戚也一起骂。由于骂得实在太过火,后滕吓得昏倒,结果被松下用葡萄酒灌醒。

松下将火钳递给后滕说:"这把火钳是为了你才被敲弯的,回去以前,将这把火钳弄直。"后滕急忙接过火钳,努力扳直。这时候,松下为自己的怒骂向后滕道歉,但仍不放心,嘱咐秘书送后滕回去。秘书把后滕送回家后,偷偷地交代后滕的太太:"后滕兄挨老板的骂,心里很伤心,说不定会自杀,请注意他的一举一动。"

隔天,一大早六点多,松下就打电话给后滕:"是后滕吗?我没有什么特别的事,只想问你是否还在意昨晚的事?……没有吗?那太好了。"从此,后滕几十年都追随松下幸之助。

想想,佛门的历代祖师也经常借着呵骂来接心,不知成就多少龙象。可惜现代人缺乏这种大根器,禁不起挨骂,只希望接受柔软温和的呵护与教导,当然成就也就有限了。

培养人才的公司

"世不患无才,患用才者不能器使而适用也。"

有一次,松下幸之助问人事课长:"假如别人问你松下电器是制造什么产品的公司,你如何回答?"

人事课长答道:"我会告诉对方,松下电器是专门制造电器产品的公司。"

没想到松下勃然大怒,其他人事主管也不知如何回答。松下说:"如果别人问松下电器是制造什么产品时,你们如果不是回答松下电器是培育人才的公司,并兼制电器产品的话,这表示你们对人才的培养漠不关心。我不知告诉你们多少次了,人才是企业的基石,生产、销售、资金等固然很重要,但是最重要的还是人才,缺少人才的话,生产、销售与资金都发挥不了作用,所以,如果连你们都不能努力去培养人才的话,松下电器还有什么前途可言呢?"

这句"松下电器是培育人才的公司",也成为众所皆知的名言。

企业想要永续经营,人才的培训是不可缺的要件,人才更是维持一个国家强盛,具竞争力的基本要素之一。曹操在《短歌行》中抒发他求才若渴的愿望,还先后发布"求贤令"与"举士令";还有商鞅变法,使得全国路不拾遗、山无盗贼,为秦始皇统一六国打下深厚基础;唐太宗尚为秦王时就开设文学馆,广纳天下贤才,他登基后更积极提拔,甚至破格任用各类人才为国家效力,因而成就了"贞观之治"的大唐盛世。

目前社会各行各业都在物色人才,却慨叹"人才在哪里?"其实千里马固然少有,但能够"遇才不妒"的伯乐更是难得。人才之所以不被发掘,是因为没有发挥实力的机会,就像孔老夫子空负匡时济世的能力,却未受到当朝的重用。庞涓嫉妒孙膑,周瑜不容孔明,屈原汨罗江上抱憾以终,苏东坡乌台诗案身陷囹圄,不但是个人的牺牲,更是国家的损失。

曾国藩说:"世不患无才,患用才者不能器使而适用也。"只要能够善用、适任、重视人才,又何须慨叹"一将难求"呢?